KB190841

복 있는 사람

오직 여호와의 율법을 즐거워하여 그 율법을 주야로 묵상하는 자로다.
저는 시냇가에 심은 나무가 시절을 좇아 과실을 맺으며 그 잎사귀가 마르지 아니함 같으니
그 행사가 다 형통하리로다. (시편 1:2-3)

나의 청년에게

✳

Dietrich
Bonhoeffer

디트리히 본회퍼

나의 청년에게

✳

Dietrich
Bonhoeffer

복 있는 사람

나의 청년에게

2024년 4월 29일 초판 1쇄 발행
2025년 4월 25일 초판 3쇄 발행

지은이 디트리히 본회퍼
옮긴이 정현숙
펴낸이 박종현

㈜ 복 있는 사람
주소 서울특별시 마포구 연남동 246-21 (성미산로23길 26-6)
전화 02-723-7183 (편집), 7734 (영업·마케팅)
팩스 02-723-7184
이메일 hismessage@naver.com
등록 1998년 1월 19일 제1-2280호

ISBN 979-11-7083-110-5 03230

차례

일러두기

1. 이 책은 귀터슬로 출판사(Gütersloher Verlagshaus)에서 발간된 디트리히 본회퍼 전집(Dietrich Bonhoeffer Werke, 17 Bde.) 4-6, 8, 10-16권과 *Brautbriefe Zelle 92*(『옥중연서』, 복 있는 사람, 2013)의 본회퍼의 글 중 일부를 옮긴이가 발췌해 엮은 것이다. 디트리히 본회퍼 전집 10-16권의 글은 이 책을 통해 국내에 처음 소개한다.

2. 이 책의 부록에는 디트리히 본회퍼의 소논문 "교회란 무엇인가?"(Was ist Kirche?, DBW 12:235-238)를 실었다.

3. 이 책에 인용된 성경 구절은 '개역개정'을 따랐으며, 부분적으로 문맥상 더 적합한 말로 바꾸기도 했다.

날은 날에게 말하고[*]

어느 날 두 사람이 시골길을 걸어가다가 마주치게 되었습니다. 둘은 서로 모르는 사이였습니다. 한 사람은 얼마 전에 이미 그 길을 가 보았습니다. 다른 사람은 그 길을 따라가면 무엇이 나오는지 전혀 알지 못했습니다. 아무 말이 없어도 두 사람은 서로를 이해했습니다. 이 상황에서 두 사람이 그 길을 함께 걷는 것보다 더 자연스러운 일은 없을 것입니다. 한 사람은 길을 물었고, 다른 사람은 그 길을 아주 기꺼이 다시 가기를 원했습니다. 그들은 함께 길을 걸었습니다. 얼마나 오래였을까요? 한 사람이 다른 사람으로부터 길안내를 받는 동안이었을까요? 아니면 두 사람은 미처 자각도 못 한 채 아주 오래오래 함께 그 길을 걸어갔을까요?

길을 가다가 한 사람이 묻습니다.
"이 여행은 우리를 어디로 인도할까요?"

다른 사람이 대답합니다.
"날은 날에게 말하고……"(시 19:2).

<hr/>

[*] 1928-1929년, 바르셀로나 부목사 시절 디트리히 본회퍼가 돌보던 어느 청년을 위해 써 놓은 메모. Für einen Jugendlichen, DBW 10:540.

I. 청년을 말하다

청년[1]

당신은 철갑으로 단단히 무장하고
죽음과 악마의 진을 뚫고 밝게 빛나는 산성을 향해
어두운 골짜기를 말을 타고 돌진하는
굳센 표정의 기사를 알고 있을 테지요.
이 기사처럼 삶과 순결을 위해
흑암 속에 역사하는 악한 세력에 맞서 당당하게 싸우십시오.
한 사람으로서 온전해지를 원한다면
우선 어린아이로서 온전해야 하며,
또 청년으로서 온전해야 합니다.
당신의 존재 그대로 모든 것이 되고,
전인격으로 존재해야 합니다.
당신이 행하는 모든 일에 전심전력하십시오.

청소년기는
어린 조각가와 같다고 하겠습니다.
그는 자기 내면에 품은
인간의 상, 마음의 상을 빚어 가는 일을
이제 막 시작한 조각가입니다.
그는 원석을 자르고 다듬어서
자기 모습을 형성해 나갑니다.
그는 자신이 원하는 모습을 눈앞에 그려 보며
자기 자신을 다듬어 나갑니다.

사람은 저마다 하나의 상이 있습니다.
비록 아플지라도 끌을 집어 들고
원석을 깎아 내고 다듬는 작업을 하십시오.

청소년기는
온 힘을 다해 벌겋게 달아오른 쇠를 단련하는
어린 대장장이와 같다고 하겠습니다.
마음은 여전히 가르침을 받기에 적합하고
뜨겁게 불타오르며 연하고 부드럽습니다.
시간을 헛되이 낭비하지 마십시오.
어쩌면 내일은 이미 너무 늦을지도 모릅니다.
뜨겁게 달궈져 있을 때 쇠를 단련하십시오.
당신 자신에 맞서 강한 청년이 되십시오.

시간 [2]

10년은
각 사람의 삶에서 긴 시간입니다.

시간은
우리가 소유하고 있는 자산 가운데
다시는 돌이킬 수 없는 가장 소중한 보화이기에,
잃어버린 시간을 되돌아보는 순간
우리는 몹시 초조해집니다.

우리가 사람으로서
살며
경험하고
배우며
창조하고
즐기며
괴로워하지 않은 시간은
잃어버린 시간일 것입니다.

잃어버린 시간이란
채워지지 않은 텅 빈 시간입니다.

그러나 지난 몇 해는 확실히 그렇지 않았습니다.

I. 청년을 말하다

헤아릴 수 없이 많은 것을 잃고 말았지만,
시간은 잃어버리지 않았습니다.
우리가 획득한 인식이나 경험은
나중에 가서야 깨달아지곤 하는데,
그것은 다만 본래의 것, 살아온 삶의 추상들입니다.

망각의 능력이 은혜인 것처럼
이미 얻은 교훈을 되새기며 기억하는 것은
책임 있는 삶에 속해 있습니다.

일을 하는 것이
놀이의 유쾌하지 않은 변주곡이라고 생각합니까?
그러나 우리가 하는 일은 어느 누구도 아닌
바로 자기 자신을 위한 것임을 이해할 날이 올 것입니다.

일은 이 세상을 살아가면서
무언가를 성취할 수 있는 길입니다.
모든 일은 근본적으로
자기 자신의 발전에 이바지하는 것이 되어야 합니다.

감옥에 갇힌 사람이 받는 가장 끔찍한 처벌이
아무 일도 못 하게 하는 것임을 알고 있습니까?
인생의 혹독한 시간을 지나는 동안
일은 위안을 주며 평정을 찾도록 도와줍니다.
일은 침몰의 위험 속에서 붙잡을 수 있는
마지막 보루가 되어 줍니다.
일하는 것을 배우지 못한 사람이 얼마나 불행한지
당신에게 가르쳐 준 사람들에게 감사하십시오.

그리고 자기 자신에게는 혹독하고
타인에게는 부드러워지십시오.
동시에 예수님을 생각하십시오.

진리는 하나님의 것입니다.

하나님은 진리를 사랑하십니다.

비(非)진리를 말하면 하나님을 대적하게 됩니다.

분명하면서도 참되십시오.

비진리에 맞서 싸우기란 힘든 일입니다.

그래서 대다수의 사람들이 비진리에 지고 맙니다.

대다수의 사람들보다 나은 사람이 되십시오.

승리를 쟁취하십시오.

순결과 성숙 4

당신은 맑고 투명한 수정을 본 적이 있을 것입니다. 또는 깊은 바닥까지 들여다보이는 산속의 맑디맑은 호수를 본 적이 있을 테지요. 우리는 빛이 수정이나 물을 뚫고 들어가서 반사되는 것을 보며 순수하다고 말합니다. 우리는 하나님의 빛이 한 사람의 전 존재를 뚫고 들어가 빛나는 모습을 보며 순수하다고 말합니다. 당신은 순수함이 아름답다는 사실을 믿습니까? 순수한 상태로 성숙해 가는 것……. 지금 당신이 그것을 이해한다면, 날이 갈수록 점점 더 깊이 이해하게 될 것입니다.

삶은 우리를 반복해서 더럽히려 하며, 속물로 만들려 하고, 때로는 그렇게 되어 버리기도 한다는 사실을 잘 알고 있을 테지요. 거룩하고 진지한 것을 더러운 시궁창에 빠뜨리고, 당신을 그런 부류 속으로 끌어들이려는 나쁜 동료가 있다는 사실도 잘 알 것입니다. 인간의 소중한 자산인 순수함을 잃어버리도록 하는 위험이 곳곳에 도사리고 있습니다.

순수하다는 것은 투명하면서 정직하다는 말입니다. 순수하다는 것은 무언가를 회피하는 것이 아니라, 자기 생각을 훈련하는 것을 의미합니다. 또한 육체의 순결은 마음의 순결과 밀접하게 연결되어 있습니다. 순결에 대해 기뻐할 수 있어야 합니다. 그렇습니다. 순결에 대해 열정적이어야 합니다. 그러면 자신을 진흙탕 속에 밀어 넣지 않습니다. 순수함에 머물러 있다는 것은 당신이 건장한 성인이 되더라도 어린아이의 마음을 품는 것을 의미합니다.

사랑하는 청년이여, 당신 속에 순결에 대한 동경을 품고 강해지십시오. 예수님은 마음이 청결한 자가 복이 있다고 말씀하셨습니다(마 5:8).

친구 [5]

당신은 친구를 필요로 할 것입니다. 같은 뜻을 품은 사람들 속에서 친구를 찾으십시오. 친구를 얻고 싶다면, 당신 자신이 먼저 좋은 친구가 되어야 합니다. 당신은 헌신할 수 있어야 하며, 자기 고집을 버리고 자기 소원을 포기할 수도 있어야 합니다.

또 용서할 수 있어야 합니다. 친구가 당신을 아주 힘들게 하고, 상처 주는 말을 하더라도 용서해야 합니다. 그 친구를 사랑할 수 있어야 하고, 있는 모습 그대로 그의 약점까지도 사랑하며, 당신의 사랑으로 그를 감당하고 지켜 주어야 합니다.

당신은 변함없는 신의를 지킬 수 있어야 합니다. 험담하기를 즐기는 자들과 시기하는 자들과 악의에 가득 찬 말들을 마주하여, 어떤 일이 있더라도 친구에게 신실해야 합니다.

친구를 얻고 싶다면, 그를 위해 기도할 수 있어야 합니다. 그의 인생을 당신의 인생과 함께 하나님 앞에 두고, 우정을 위해 하나님의 도우심을 구해야 합니다. 친구에게는 당신의 기도가 꼭 필요하기 때문입니다. 오직 당신의 우정이 하나님 안에 기초를 두고 있을 때라야 "우정"(Freundschaft)이라고 부를 수 있습니다.

친구란 신뢰할 수 있어야 하며, 행복할 때나 역경의 때나 당신 자신을 온전히 맡길 수 있어야 합니다. 친구는 당신의 행복이나 아픔에 동참하며 당신과 함께 기뻐할 것입니다. 혹여 당신이 너무 힘겨운 짐을 져야 할 때면, 그 짐을 감당할 수 있도록 힘이 되어 줄 것입니다. 그것이 한 사람이 다른 사람의 삶을 함께 살아가는 것입니다.

그러나 두 사람은 각자의 삶을 하나님 안에서 살아야 합니다. 그러면 당신들은 친구입니다.

고독 6

날마다 몇 분만이라도
홀로 있는 시간을 가지십시오.
그리고 다가올 날들이나 지나간 날들에 대해
당신이 만났던 사람들에 대해
당신 자신에 대해 깊이 숙고해 보십시오.
당신에게 부족한 것이 무엇인지도 생각해 보십시오.
그러나 결코 자기 자신 속으로만 파고들지 말고
당신의 비밀을 알고 있는 이로 하여금
그 고독한 시간에 당신과 함께할 수 있도록 하십시오.
우리는 누구나 결코 자기 입 밖으로 내뱉을 수 없고
마치 아끼고 사랑하는 보물처럼
고독 안에 감추어 놓은 것들이 있기 마련입니다.

오직 하나님만이 그것이 무엇인지 아시므로
하나님이 당신의 고독 안으로 들어오게 하십시오.

당신 속에는 복의 원천이 있고
기뻐할 수 있는 복된 성향이 있습니다.
맘껏 기뻐하십시오.
기쁨은 강하게 합니다.
기쁨은 영원으로부터 와서
인간 속으로 들어오는
한 줌 가득 빛이기 때문입니다.

참된 기쁨은 명랑하고 평화로운 곳에서뿐 아니라
어쩌면 당신이 바라는 것과는
전혀 다른 방향으로 흘러가는 곳에서도
하나님을 바라보며 그 모든 상황 가운데
그분의 사랑을 발견하는 것입니다.
그것은 결코 쉬운 일이 아닙니다.

그러나 할 수만 있다면
맘껏 기뻐하십시오.

기도에 관하여 [8]

인간의 힘은 기도에 있습니다. 청년의 때에 기도하는 습관을 기르십시오. 기도는 하나님으로부터 호흡하는 것입니다. 기도는 자신의 삶을 하나님께 헌신하고 구별하여 드리는 것입니다. 기도는 하나님을 신뢰하는 것입니다. 밤에 잠자리에 누우면, 두 손을 모으십시오. 그리고 고요한 가운데 하나님이 당신에게 오시도록 청하십시오. 당신의 하루가 어떠했는지 하나님께 다 아뢰십시오. 하루가 구별된 삶이었는지, 아니면 혼탁한 삶이었는지 아뢰십시오. 당신이 하루를 사랑 속에서 보냈는지, 아니면 분노 속에서 보냈는지 하나님께 다 아뢰십시오. 당신의 하루가 평화 속에 있었는지, 아니면 증오 속에 있었는지 하나님께 다 아뢰십시오. 당신의 하루가 선함 속에 아니면 악함 속에 있었는지, 순결함 속에 아니면 더러움 속에 있었는지 다 하나님께 아뢰십시오. 그 후에는 당신의 영혼을 위해 기도하십시오. 하나님께서 당신의 영혼을 거룩하고 깨끗하게 해주시도록 기도하십시오. 악한 것에 대해서는 부끄러워하고, 선한 것에 대해서는 기뻐하십시오. 그런 다음 하나님 앞에서 당신이 사랑하는 사람들의 이름을 부르십시오. 당신에게 어머니와 아버지를 주시고, 당신을 사랑하는 친구들을 주신 것에 대해 하나님께 감사하십시오. 그리고 하나님께서 그들 곁에 계시도록 기도하십시오.

당신이 언젠가 아무에게도 말하고 싶지 않은 일이 생긴다면, 하나님은 그 모든 것을 보시며 알고 계신다는 사실을 알아야 합니다. 그러니 모두 잠이 들고, 모든 것이 고요해진 한밤중에 하나님께로 가서 그분 앞에 당신의 불안한 마음을 쏟아 놓으십시오. 하나님이 당신에게 평안을 주실 것입니다.

사랑하는 청년이여, 때때로 우리는 기도에 관해 대화를 나누곤 했지요. 그것을 잊지 말고, 잘못된 가르침에 미혹되지 마십시오. 기도를 통해 당신은 강해집니다. 기도를 통해 당신은 건강한 한 사람이 됩니다.

눈물은 인간이 가진 가장 고귀한 것 중 하나입니다. 그러니 눈물을 낭비하지 마십시오.

기다림[9]

기다림은 인내를 모르는 우리 시대가 잃어버린 삶의 기술입니다. 우리 시대는 새싹이 트기도 전에 무르익은 열매를 따려고 합니다. 욕심에 눈이 멀어서 겉보기에 탐스러워 보이는 열매가 아직 속이 익지 않아 시퍼런 상태임을 모릅니다. 결국 경의를 표할 줄 모르는 그 손은 익지 않은 열매를 따서 맛보고 실망하여 그것을 가차 없이 내던져 버립니다.

소망으로 인하여 참고 견디는 쓰디쓴 기다림의 복을 모르는 사람은 결코 충만한 삶을 살 수 없습니다. 삶에 대한 깊은 의문과 자신이 어떻게 살아야 하는지를 두고 불안한 마음으로 씨름하며, 진리가 밝히 드러나기까지 기다림과 동경으로 바라보는 심정이 어떠한지 모르는 자는 진리가 선명하게 빛을 발하는 순간의 영광을 절대 꿈꿀 수 없습니다.

우정과 사랑을 얻기 위해 상대방이 마음으로 다가오기까지 자기 영혼을 열고 기다리려 하지 않는 자에게는, 두 영혼이 어우러져서 살아가는 깊은 인생의 복이 끝끝내 감추어져 있습니다. 세상에서 가장 크고 깊고 사랑스러운 것들에 대해 우리는 기다릴 줄 알아야 합니다. 그것을 향해 폭풍처럼 돌진하는 것이 아니라, 싹이 트고 자라며 성장하는 신의 법칙을 따라야 합니다.

모든 사람이 기다릴 줄 아는 것은 아닙니다. 기다림은 포만감에 빠져 만족하는 사람, 경의를 표할 줄 모르는 사람의 것이 아닙니다. 뭔가 부족함을 알고 근심하는 사람, 이 세상에서 가장 크신 분을 경외심으로 바라보는 자만이 기다릴 수 있습니다. 그러므로 자신의 가련함과 불완전함을 알고 그 영혼이 불안해하는 자, 이 세상에 오셔야 할 크신 분이 계심을 예감하는 자만이 대림절을 경축할 수 있습니다. 그리고 그분 앞에 두려운 마음으로 겸손히 몸을 굽히는 자, 오직 거룩하신 분, 구유에 누인 아기의 모습으로 오신 하나님께서 우리 가까이 오시기까지 기다릴 줄 아는 자만이 대림절을 경축할 수 있습니다.

대림절이 되어 성탄 노래를 다시 부르고 들을 때면 우리는 기이한 감상에 젖어 듭니다. 세속에 찌든 완고한 마음이 부드러워지고, 어린 시절 품었던 정서가 되살아납니다. 어머니 품을 떠나 있으면서 느끼던 동경, 지나간 날들에 대한 그리움과 갈 수 없는 머나먼 곳을 향한 알 수 없는 동경이 살아납니다. 그러나 기분이 언짢아지거나 가라앉는 것이 아니라, 왠지 행복감을 주는 그런 동경입니다. 그러면 우리는 지난날에 대한 동경이나 부모님이 계신 고향집에 대한 그리움을 넘어 구름 너머에 있는 본향, 영원한 아버지 집을 그리워하게 됩니다.

이 세상에는 목적도 기약도 없이 영원히 방황해야 하는 망향인의 저주와 같은 것이 있습니다. 우리 안에서 마치 수천 개의 무시무시한 눈들이 지켜보고 있는 듯 온몸이 오싹해집니다. 아무리 애써도 도저히 벗어날 길이 없고, 우리를 끝없이 세상으로 내몰아 가는 악이 보입니다. 이 악과 죽음에서 누가 우리를 구원할 수 있겠습니까? 누가 우리를 도울 수 있겠습니까?

악과 죽음에서 우리를 구원하는 분은 바로 우리 주님이십니다. 우리 가슴속에서 절로 탄원이 새어 나옵니다. "하나님이여, 주 예수 그리스도여, 오소서! 이 세상 속으로, 고향을 잃고 정처 없이 떠도는 우리에게로 오소서. 우리의 죄 가운데로, 우리의 죽음 속으로 친히 들어오셔서 우리와 함께하시며, 우리와 같은 인간이 되셔서 우리를 대신하여 죄와 죽음을 이기고 정복하소서. 나의 악함과 신실하지 못한 일상 속으로 들어오셔서, 미워하면서도 버릴 수 없는 나의 죄된 삶에 함께하소서. 거룩하신 하나님! 악과 고난, 죽음의 나라에서 나의 형제가 되어 주소서. 나의 죽음과 고난, 나의 치열한 싸움에 동행해 주소서. 악이 있고 죽음이 있음에도, 저를 거룩하게 하시고 정결하게 하소서."

그리고 오늘, 주님은 우리에게 나지막한 음성으로 대답하십니다. "볼지어다. 내가 문 밖에 서서 두드리노니……"(계 3:20). 이 말씀을 듣는 우리 앞에 마치 지진이 일어난 듯한 느낌이 들지 않습니까? 우리가 도움을 요청하며 부른 성령님, 이 세상을 구원하는 분은 멀리 계시지 않습니다. 그분은 바로 문 앞에 서서 두드리고 계십니다. 그분은 이미 오셔서 문이 열리기만을 기다리고 계십니다.

분명 문을 두드리는 분의 음성은 세미하며, 그분의 음성을 알아듣는 사람은 소수에 불과합니다. 질 나쁜 물건을 팔기 위해 손님을 끌어모으는 장사꾼들은 요란하게 떠들고, 사람들은 앞다투어 거기로 몰려들기 때문입니다. 화려하게 치장하고 사람들로 북적이는 집에 드나들고 있지는 않은지 자신을 살피지 않는 자는 불행합니다.

요란하게 떠들어 대는 사람들과 달리, 왕 같은 순례자는 인내심을 가지고 눈에 띄지 않은 채 조용히 서 계십니다. 그분은 아주 조용히 문을 두드리고 계십니다. 분명 들립니다. 그분이 당신의 문은 두드리지 않는 것 같습니까? 그렇다면 우선 모든 시끄러운 소리를 잠잠케 하십시오. 그러고 나서 당신의 마음 문을 두드리고 계신 그분께 귀를 기울여 보십시오. 그분은 당신의 마음을 그분의 마음과 하나되게 하시며, 당신 곁에서 조용한 손님이 되기를 원하십니다. 예수님은 당신의 마음 문을, 제 마음 문을 두드리고 계십니다. 오직 우리의 귀를 열고, 우리 마음속에서 들려오는 소리에 귀를 기울이기만 하면 됩니다. 예수님은 반드시 오십니다. 올해도 오시며, 우리 한 사람 한 사람을 찾아오십니다.

II. 인간을 말하다

이 땅을 거니시는 그리스도[1]

그리스도께서 문 앞에 서서 두드리십니다. 당신은 그리스도를 찾고 싶습니까? 언젠가 그리스도를 당신 곁에 모실 수 있다면, 마음으로만이 아니라 정말 손으로 만질 수 있을 만큼 가까이 모실 수 있다면, 당신이 가진 모든 것을 내버릴 각오가 되어 있습니까? 예수님은 사람이 어떤 존재인지 아시므로, 우리가 그분을 눈으로 직접 보고 손으로 만질 수 있기를 원한다는 사실을 알고 계십니다. 그래서 예수님은 날마다 이 땅을 거닐고 계신다는 사실을 장엄한 비유의 말씀으로 가르쳐 주셨습니다. 이 비유는 환상이 아니라 진실로 예수님을 가까이하기 원한다면, 우리가 어떻게 해야 하는지를 말하고 있습니다.

심판의 날이 오면, 예수님은 염소와 양을 구별하실 것입니다. 그리고 오른쪽에 있는 자들을 향해 말씀하실 것입니다. "내 아버지께 복 받은 자들이여, 나아와 창세로부터 너희를 위하여 예비된 나라를 상속받으라. 내가 주릴 때에 너희가 먹을 것을 주었고……주여, 우리가 어느 때에 [그리]하였나이까……지극히 작은 자 하나에게 한 것이 곧 내게 한 것이니라"(마 25:32-40). 이 말씀을 통해 우리는 무서운 진실 앞에 서게 됩니다. 예수님은 진실로 문 밖에 서서 두드리고 계신다는 것입니다. 예수님은 누더기를 걸친 볼품없는 걸인의 모습으로 찾아와 당신의 도움을 구할 것입니다. 당신이 만나는 모든 사람 속에서 예수님은 당신을 만나고 계십니다. 사람이 지구상에 사는 한, 예수님은 이 땅 위를 걷고 계실 것입니다. 당신의 이웃인 그 사람을 통해 하나님께서 당신을 찾아오시며, 당신에게 말을 걸기도 하실 것입니다. 또는 당신의 도움이 필요한 사람의 모습으로 이 땅에 거주하고 계실 것입니다.

그리스도가 문 앞에 서 계십니다. 당신은 그리스도를 향해 자물쇠를 채우겠습니까, 아니면 문을 열어 드리겠습니까?

염려 2

염려하지 마십시오! 재물은 사람의 마음속에 걱정, 근심 없이 안전하다는 거짓 확신을 심어 줍니다. 그러나 사실 염려는 결국 재물 때문에 생겨납니다. 재물에 매여 있는 마음은 숨 막히는 염려의 짐을 지고 살아가게 합니다.

염려는 항상 내일을 생각합니다. 그러나 엄격하게 따져 보면, 재물은 오늘만을 위해 존재합니다. 내일을 보장받으려는 마음은 오늘을 사는 나를 불안하게 합니다. 내일을 하나님의 손에 온전히 맡기고, 오늘 필요한 것을 감사함으로 받는 자만이 진실로 안전합니다. 전심으로 오늘을 살아가는 사람만이 진실로 안전합니다. 내일에 대한 생각은 나를 끝없는 염려의 노예로 만들어 버리기 때문입니다.

내일 일을 염려하지 마십시오! 이 말씀이 처세술이나 율법인 듯 오해해서는 안 됩니다. 이 말씀은 오직 예수 그리스도의 복음으로 이해하는 것이 마땅합니다. 이 말씀은 예수님을 알고 그분을 따르는 자들에게 아버지의 사랑을 약속하며, 그 무엇에도 매이지 않는 자유를 주는 복음입니다. 우리로 하여금 염려 없이 살도록 하는 것은 예수 그리스도에 대한 믿음이지, 염려가 아닙니다.

염려는 우리에게 속한 일이 아닙니다. 내일이나 나중은 우리에게서 완전히 제거되고 없습니다. 마치 염려가 우리의 것인 양 처신하는 것은 무의미합니다. 우리는 세상 정세를 조금도 바꿀수 없습니다. 세상을 통치하는 분은 하나님이시므로, 염려 또한 하나님의 몫입니다. 염려는 우리의 몫이 아니며, 우리는 전적으로 무력합니다. 그러므로 우리는 염려해서는 안 됩니다. 만약 우리가 염려 가운데 있다면, 하나님의 통치 영역을 자신의 것인 양 주제넘게 가로채는 것입니다.

가장 적합한 때 하나님께서 우리를 도우실 것입니다. 그분은 우리에게 필요한 것이 무엇인지 잘 알고 계십니다.

진실 [3]

우리의 말이 참되어야 한다는 의미는 무엇일까요? 진실을 말한다는 것은 과연 무엇일까요? 진실하게 말하기를 원한다면 누구에게 말하느냐, 누구에 관해 말하느냐, 무엇에 관해 말하느냐에 따라 나의 말은 여러 가지 모양이 되어야 합니다. 진실한 말이란 항상 똑같은 메아리가 아니라, 우리 삶이 살아 역동하듯 그렇게 살아 있어야 합니다.

언제 어디서나 누구에게든 동일한 방식으로 진실을 말하도록 요구하는 것은, 단지 진실이라는 죽은 우상을 전면에 내세우는 냉소주의에 불과합니다. 그는 인간의 연약함을 조금도 용납할 줄 모르며, 진실에 대한 광신자의 후광을 걸치고 있을 뿐입니다. 그는 수치심에 상처를 입히고, 비밀의 신비를 모독합니다. 그는 신뢰를 깨뜨리고, 그가 몸담고 있는 공동체를 배반합니다. 그러고는 자신이 초래한 참상에 대해, 진실을 감당치 못하는 인간의 연약함이라고 탓하며 오만하게 비웃습니다. 그는 진실은 파괴적이며 희생을 요구한다고 말합니다. 그러면서 연약한 피조물 위에 마치 하나님이라도 된 것처럼 느끼지만, 실상은 그가 섬기는 것이 사탄임을 깨닫지 못합니다.

사탄의 지혜라고 불리는 것이 있습니다. 그것의 본질은 지혜의 외양 아래 실재하는 모든 것을 부정합니다. 그러한 지혜는 하나님에 의해 창조되고 사랑받는 현실 세상을 증오하면서 살아갑니다. 그것은 현실 세상의 타락에 대해, 마치 하나님의 심판을 집행하기라도 하듯 가장하고 있습니다. 그러나 하나님의 진실은 피조물을 사랑으로 심판하고, 사탄의 진실은 시기와 미움으로 심판합니다. 하나님의 진실은 세상 가운데 육신이 되어 실재하는 현실 속에 살아 있지만, 사탄의 진실은 모든 실재하는 것의 죽음일 뿐입니다.

거짓이란 하나님에 의해 창조되고 하나님 안에 보존된 현실을 부인하고 부정하는 것입니다. 또한 그것을 알면서도 의도적으로 파괴하는 행위입니다. 이러한 일은 말을 통해서도, 침묵을 통해서도 일어날 수 있습니다. 우리의 말은 하나님의 말씀과 일치하면서, 하나님 안에 실재하는 현실 그대로를 말해야 합니다. 우리의 침묵은 하나님 안에 있는 현실을 통해 나온 말씀에 대해, 우리의 말이 가진 한계를 나타내는 표지여야 합니다.

이 고찰은 거짓말의 본질이 생각과 말 사이의 모순보다 훨씬 더 깊은 곳에 숨어 있다는 인식으로 인도합니다. 어떤 말을 거짓되게 하거나 진실되게 하는 것은, 말의 배후에 있는 인간이라고 할 수 있습니다. 그러나 이것으로도 충분하지 않습니다. 왜냐하면 거짓말은 뭔가 객관적인 것으로서, 그에 상응하여 규정해야 하는 것이기 때문입니다. 예수님은 사탄을 "거짓의 아비"(요 8:44)라고 부르셨습니다. 우선 거짓말은 하나님께서 세상에서 그분 자신에 대해 증거하시는 사실을 부인합니다. "거짓말하는 자가 누구냐. 예수께서 그리스도이심을 부인하는 자가 아니냐"(요일 2:22). 거짓은 하나님의 말씀에 대한 모순입니다. 즉, 하나님께서 그리스도 안에서 하신 말씀과 창조물이 그 말씀에 기인하고 있음을 반박하는 것이 거짓입니다.

결국 실재하는 현실을 증거하려고 노력하면서 우리는 그것이 통일된 전체로서가 아니라, 화해와 치유가 필요한 분열과 모순의 상태임을 발견하게 됩니다. 우리 자신은 현실의 다양한 질서 속에 몸담고 있습니다. 여기서 우리의 말은 현실과의 화해와 치유를 위해 노력하지만, 반복해서 도처에 널려 있는 분열과 모순 속으로 휩쓸려 들어가는 것을 발견합니다. 우리의 말은 하나님 안에 있는 현실 그대로를 말할 수 있어야 합니다. 그러기 위해서는 단지 이미 존재하는 모순뿐만 아니라, 현실과의 연관성도 자기 안에 수용할 수 있어야 합니다.

인간의 말이 참되기 위해서는 죄로 인한 타락을 부인해서는 안 됩니다. 그리고 모든 분열이 극복된, 하나님의 창조적이고 화목을 이루는 말씀도 부인하지 말아야 합니다. 냉소주의자는 자기가 알고 있다고 믿는 개별적인 것을, 전체 현실에 대한 숙고 없이 그저 말해 버립니다. 그렇게 함으로써 그는 현실을 철저하게 파괴하고 맙니다. 그의 말은 피상적으로는 진실의 가면을 쓰고 있지만 참되지 않습니다. "이미 있는 것은 멀고 또 깊고 깊도다. 누가 능히 통달하랴"(전 7:24).

자유와 진리 [4]

진리는 인간의 삶에서 왠지 낯설고 이상하며 예외적인 것입니다. 진리가 말해지는 곳에는 전혀 예기치 않은 일들이 갑자기 우리 삶 속으로 무섭게 뛰어드는 것처럼 느껴집니다. 나팔을 불 듯 크게 진리를 외쳐 대는 소리를 듣는 것은 전혀 이상하지 않습니다. 그러나 이렇게 외쳐 대는 진리는 참된 진리가 아닙니다.

참된 진리는 내용 없는 공허함과 구별되는데, 그것은 목적이 분명하기 때문입니다. 말하자면 누군가를 얽어매고 있는 사슬에서 풀어 주고자 하며, 그 사람을 자유케 하려는 의지를 담고 있습니다. 참된 진리는 그가 지금까지 거짓에 속아 자유함 없이 두려워하며 살았다는 사실을 볼 수 있는 눈을 열어 주고, 그에게 자유를 돌려줍니다. 참된 자유는 세상에서 자신이 최고인 줄 알고, 자기 혼자만 있는 것처럼 생각하며, 자신이 세상의 중심인 것처럼 여기는 거짓으로부터 자유롭게 되는 것입니다. 그리하여 하나님의 피조물을 경시하는 미움에서 벗어나, 자기 자신에게서 자유롭게 되어 타인을 위해 사는 것입니다.

자유롭다는 것은 사랑 안에 거한다는 뜻입니다. 그리고 사랑 안에 거한다는 것은 하나님의 진리 안에 거한다는 뜻입니다. 하나님의 진리로 자유롭게 되어 하나님과 타인을 사랑하는 사람이 이 세상에서 가장 혁명적인 인간입니다.

소원 5

타인에게 드러내지 않고 감추는 동경은 이미 어느 정도 극복된 동경입니다.

전적으로 현재에 충실하고자 더 많은 것을 견디며 이겨 낼수록, 그는 동료들에게 더 신비롭고 신뢰할 만한 존재가 됩니다. 특히 그가 이미 돌파해 온 길을 걸어가는 후배들에게 그렇습니다.

마음의 소원에 지나치게 집착하면 자신이 어떠한 존재인지, 어떠한 존재가 될 수 있는지를 잃어버리고 맙니다. 반대로 현재 주어진 과제를 이루기 위해 때마다 일어나는 마음의 소원을 극복해 나가면, 의외로 우리는 부요해짐을 깨닫게 됩니다.

아무 소원도 없다는 것은 분명 가련한 일입니다. 그러나 지금 내 주변에서 보이는 거의 대다수의 사람들이 자기 소원에만 지나치게 집착해 타인에게는 아무것도 아닌 존재로 살아갑니다. 그들은 타인에게 더 이상 귀를 기울이지 않으며, 도무지 이웃 사랑을 할 수 없는 지경에 이르고 맙니다. 이곳 감옥에서도 아무 소원이나 미래가 없다는 듯 자신이 누구인지에만 집중해 그 사람의 존재 자체로 살아갈 수 있어야 한다고 생각합니다. 그럴 때 사람들은 기이하게도 우리에게 의지하며 우리를 주목하고, 무슨 말이라도 해줄 것을 기대합니다.

이루어지지 않은 수많은 소원들에도 불구하고 풍성한 인생이 있습니다.

사랑 6

사랑 안에서 우리는 열린 눈으로
소수만이 보는 것을 보게 됩니다.
그것은 길을 가로막고 서서
도움을 구하며 내민 타인의 손을 보고
자신이 가진 모든 것으로 돕고 섬기며 살아가는 삶입니다.

눈이 스스로를 보지 못하듯
사랑은 자기 자신을 보지 못합니다.
누군가 자신이 사랑 안에 거하고 있다고 말한다면,
그는 스스로를 보고 있으므로
결국 사랑 안에 거하고 있지 않다는 반증이 됩니다.
자신에 대해 눈먼 상태일 때만 사랑 안에 거할 수 있고
하나님의 보호 아래 사랑의 길을 갈 수 있습니다.

사랑 안에 거하는 사람은
모든 것을 참으며
모든 것을 믿으며
모든 것을 바라며
모든 것을 용서합니다.
진실로 최후의 순간까지
모든 것을 참고
믿으며

바라고

용서한다면

실망이나 의심, 포기란 있을 수 없습니다.

그러므로 사랑은 결코 끝이 없으며

시간에서 영원으로 옮겨진다는 말은 진리입니다.

비밀 7

현대인의 삶에서 비밀의 부재는 우리의 가련함이며, 몰락으로 치닫고 있는 모습이라 하겠습니다. 인간의 삶은 비밀을 존중하는 만큼 그 가치가 인정됩니다. 사람은 비밀을 존중하는 만큼 어린아이의 순수함을 지킬 수 있습니다.

자신이 온통 비밀에 둘러싸여 있음을 아는 어린아이의 눈은 활짝 열려 있고 맑게 깨어 있습니다. 그들은 아직 세상살이를 모르고, 어떻게 이 험한 세상을 헤쳐 나가야 할지 모릅니다. 세상에 가득한 비밀과 어떻게 대면해야 할지도 모릅니다. 반면, 우리 어른들은 비밀이 있으면 인간 존재의 한계를 느낀다고 생각하며 비밀을 파괴해 버립니다. 모든 것을 자기 마음대로 조종하며, 스스로 인생의 주인이 되기를 원하는 어른들은 왠지 비밀이 무시무시하다고 느낍니다. 어른들이 비밀을 친근하게 느끼지 않는 이유는, 비밀이 우리와는 다른 본향에 대해 말하고 있기 때문입니다.

비밀을 존중하지 않는 삶은 우리 개개인과 타인의 삶 속에 있는 비밀을 이해하지 못하며, 이 세상의 비밀도 알지 못합니다. 다시 말해, 자신과 타인의 삶 속에 숨어 있는 내밀한 것, 이 세상에 숨겨진 깊은 비밀을 무심코 지나치며 피상적으로 대합니다. 계산할 수 있고 이용할 만한 가치가 있는 것들만 보며, 계산할 수 없고 이용할 수 없는 이 세상 너머의 것들은 보지 않습니다. 비밀을 존중하지 않는 삶이란 우리 인생에 선행하는 절대적 가치를 전혀 보려 하지 않고 아예 부인해 버리는 것을 말합니다.

그런 삶은 나무가 어두운 땅속 깊이 뿌리 내리고 있으며, 빛 가운데 살아가는 모든 것이 어머니 모태의 어둡고 은밀한 장소로부터 기원한다는 사실을 알려고 하지 않습니다. 즉, 우리의 육체와 모든 생명의 원천이 모태이듯, 우리의 정신적 삶의 소산도 은밀하게 숨겨진 어두움에서 나온다는 사실을 알려고 하지 않습니다. 우리가 이해할 수 있는 모든 것, 분명하게 드러나 있는 모든 것이 바로 이 비밀에서 기인한 것임을 도무지 이해하려 들지 않습니다. 우리는 비밀한 일을 들으면, 그 비밀을 드러내려 합니다. 그것을 계산하고 설명하며 해부하려 합니다. 하지만 결과적으로는 생명을 파괴할 뿐, 비밀 자체를 알아내지는 못합니다. 비밀은 우리의 손을 피해 숨어 버립니다.

비밀이란 단순히 무언가에 대해 모르는 것을 의미하지 않습니다. 가장 멀리 떨어져 있는 별이 가장 큰 비밀이 아닙니다. 오히려 정반대로 무언가 우리에게 가까이 다가올수록, 우리가 그것을 더 잘 알게 될수록 더욱더 비밀스러워집니다. 가장 먼 곳에 있는 사람이 아니라, 가장 가까이 있는 그 사람이 우리에게 가장 큰 비밀입니다.

두 사람이 서로 아주 친밀해지고 사랑할 때, 모든 비밀의 최고 경지에 이르게 됩니다. 이 세상 어디에도 비밀의 힘과 영광이 여기보다 더 강력하게 느껴지는 곳은 없습니다. 그러므로 지식은 비밀을 없애는 것이 아니라, 오히려 더 깊어지게 할 뿐입니다. 타인이 나와 이토록 가까이 있다는 것, 이것이 가장 큰 비밀입니다.

세상이 하나님으로부터 떨어져 타락했을 때, 인류가 피조물의
존재 목적을 잊고 타락한 세상의 의도대로 살기 시작했을 때,
피조물이 창조주를 대적하며 불평하기 시작했을 때, 우주 공간
에서 우리가 사는 땅 위로 어두운 밤이 찾아왔을 때, 사랑이 온
기를 잃고 시기와 질투의 얼음같이 차가운 바람이 온 세상에 불
기 시작했을 때, 그때에도 선하신 하나님은 비록 희미한 그림자
정도로만 느껴질 뿐이더라도 한 가지 소중한 것을 남겨 두셨습
니다. 그것은 바로 우리의 기원에 대한 그리움, 곧 본향을 향한
동경, 하나님을 향한 동경입니다.

탄식으로 가득한 비참한 세상을 보는 눈은 시리고 아픕니다.
속임수와 기만으로 가득한 세상을 보는 눈은 쓰라립니다. 뼛
속 깊이 스며드는 세상의 차가움 앞에 오싹해지는 우리 영혼은
절규할 수밖에 없습니다. 밤이 낮을 기다리고 겨울이 봄을 기
다리며, 악으로 고통받는 영혼이 선을 애타게 그리워하듯 세상
은 하나님 뵙기를 갈망하고 있습니다.

소망 9

『죽음의 집의 기록』[10]을 이제야 다 읽었습니다. 아주 현명하면서도 좋은 내용이 많이 담겨 있더군요. 소망이 없다면 인간은 살 수 없으며, 정말이지 모든 소망을 잃어버린 인간은 사나워지고 악해진다는 도스토옙스키의 주장이 뇌리를 떠나지 않습니다.

이 책에서 소망이 환상과 같은 의미로 쓰였는지는 불분명합니다. 삶에서 환상이 갖는 의미도 결코 과소평가할 수 없지만, 그리스도인이라면 오직 근거 있는 소망을 품는 것이 중요할 것입니다. 환상이 인간의 삶에 그토록 큰 힘을 발휘하여 삶이 무너지지 않도록 지탱해 준다면, 삶을 위한 절대적 근거를 가진 소망은 얼마나 더 큰 힘을 발휘할까요? 그 삶은 절대 꺾이거나 무너지지 않을 것입니다. "우리의 소망이신 그리스도 예수의 명령을 따라"(딤전 1:1). 바울의 이 공식은 우리 삶의 능력입니다.

보이지 않는 것을 이미 보는 것같이 믿는 믿음은 당연히 그 믿음대로 성취될 날을 소망하지 않을까요? 소망이 없는 믿음은 병든 것입니다. 이것은 배고픈 아이가 먹으려 하지 않고, 피곤한 사람이 잠을 자려고 하지 않는 것과 같습니다. 그러므로 믿는다면 소망하는 것이 너무나 당연한 이치입니다. 소망하는 것, 한없이 소망하는 것은 부끄러운 일이 아닙니다.

언젠가 하나님을 보게 되리라는 소망 없이 누가 하나님에 대해 말하려 하겠습니까? 언젠가 영원한 평화와 사랑을 누리게 되리라는 소망 없이 누가 평화를 말하고 사랑을 말하려 하겠습니까? 언젠가 우리는 소망 때문이 아니라, 우리의 소망 없음으로 인해 부끄러워하게 될 것입니다. 하나님을 신뢰하지 않으며, 눈앞에 하나님의 약속이 있음에도 거짓 겸손으로 그 약속을 손뻗어 잡으려 하지 않는 사람은, 절망감에 싸여 하나님의 영원한 권세와 영광을 바라고 기뻐하지 못하는 초라하고 소망 없는 모습으로 인해 부끄러워하게 될 것입니다.

소망은 우리로 하여금 부끄러움을 당하게 하지 않습니다(롬 5:5). 원대한 소망을 품은 사람은 그 소망과 함께 위대해집니다. 사람은 자신이 품은 소망과 함께 자라 갑니다. 오직 하나님과 그분의 유일한 능력에 소망을 둘 때, 그 사람은 자신이 품은 소망과 함께 성장합니다.

우매함[12]

우매함은 사악함보다 훨씬 더 위험천만합니다. 선의 적은 우매함입니다.

악에 대해서는 저항할 수 있고, 들춰내어 망신을 당하게 할 수도 있으며, 위급한 상황에서는 힘으로 저지할 수 있습니다. 악은 적어도 인간을 불안하게 함으로써 항상 자기 해체의 싹을 자신 속에 지니고 있습니다. 그러나 우매함은 속수무책입니다. 저항을 해도, 무력을 사용해도 아무 소용이 없습니다. 여러 가지 근거를 들어도 통하지 않고, 자신이 가진 선입견에 모순되는 사실들은 아예 믿을 필요가 없는 것으로 치부해 버립니다.

어리석은 자는 쉽게 격앙되어 공격적으로 변하며 위험해집니다. 따라서 어리석은 자를 대할 때는 악한 자를 대할 때보다 더 조심해야 합니다. 어리석은 자에게 근거를 들어 설득하려는 시도는 무의미하고 위험합니다.

우매함이 본질적으로 지적 결함이 아니라, 인간적 결함이라는 사실은 확실합니다. 지적으로는 비범하고 재치도 있으나 어리석은 사람이 있고, 지적으로는 매우 둔하지만 우매함과 거리가 먼 사람도 있습니다.

우리는 특정한 상황에서 이러한 사실을 목도하고 놀라게 됩니다. 그리고 우매함은 타고난 결함이라기보다 특정한 상황에서 어리석어지는 것, 곧 자신을 우매함에 내주는 것이라는 인상을 받습니다.

단순함과 현명함 [13]

무엇이 단순함이며, 무엇이 현명함입니까? 어떻게 이 둘이 하나가 될 수 있을까요? 모든 개념이 전도되고 혼동되고 왜곡된 상태에서, 오직 단순한 하나님의 진리를 눈앞에 두고 바라보는 자만이 단순한 사람입니다. 두 마음을 품지 않고(약 1:8), 한 마음을 품은 자만이 단순한 사람입니다. 그는 하나님을 알고 소유한 자이기에, 날마다 새롭게 하나님의 입에서 나오는 계명과 심판, 긍휼에 매달립니다. 그는 원칙에 속박되지 않고, 하나님을 향한 사랑에 매여 있는 사람입니다. 그러므로 그는 윤리적인 결단의 문제와 갈등으로부터 자유롭습니다. 그런 것들이 더 이상 그를 압박할 수 없습니다. 그는 순전히 하나님과 하나님의 뜻에 속한 사람입니다. 단순한 자는 세상을 하나님 옆에 나란히 두고 한눈을 팔지 않습니다. 그래서 그는 아무런 얽매임 없이 자유롭게 세상 현실을 간파할 수 있습니다. 이러한 단순함은 현명함이 됩니다.

현실을 있는 그대로 보고, 사물의 근본을 꿰뚫어 보는 자가 현명한 사람입니다. 결국 현실을 하나님 안에서 보는 자만이 현명한 사람이라고 할 수 있습니다. 현실을 인식한다는 것은 외적인 사태를 인식하는 것과 동일하지 않습니다. 현실을 인식한다는 것은 사물의 본질을 간파하는 것입니다. 정보를 가장 많이 가진 자가 가장 현명한 사람은 아닙니다. 그 사람은 지식의 홍수 속에서 오히려 본질적인 것을 오해할 위험이 있습니다. 다른 한편, 얼핏 보기에 사소하고 중요하지 않아 보이는 개별 지식이 사물의 깊이를 들여다볼 수 있게 하는 경우가 종종 있습니다. 그러므로 현명한 사람은 사건에 대해 최선의 지식을 얻고자 하면서도, 그것에 얽매이지 않습니다. 객관적인 사실 속에서 의미 있는 것을 인식해 내는 것이 현명함입니다. 현명한 사람은 원칙에 따라 현실을 받아들이는 것에는 한계가 있음을 알고 있습니다. 현실은 원칙이라는 바탕 위에 세워져 있는 것이 아니라, 살아 계시며 창조하시는 하나님 안에 기초하고 있기 때문입니다. 그는 또 현실에 필요한 도움은 가장 순수한 원칙이나 최선의 의지를 통해 얻어지는 것이 아니라, 오직 살아 계신 하나님으로부터 오는 것임을 알고 있습니다. 원칙이라는 것은 하나님의 손에 들려 있는 도구일 뿐이며, 쓸모가 없어지면 즉각 버려질 것에 불과합니다. 하나님과 현실을 자유로운 시선으로 바라볼 수 있는 사람은 단순함과 현명함을 하나로 연결시킬 수 있습니다. 그러나 그 일은 오직 하나님 안에서만 가능합니다. 현명함 없이 참된 단순함이 있을 수 없고, 단순함 없는 현명함도 있을 수 없습니다.

가장 좋은 지혜 14

사탄은 아담과 하와에게 지혜를 약속했습니다. 하나님처럼 지혜로워져서 선과 악이 무엇인지 알게 될 것이라는 약속이었습니다. 그 약속은 그들이 선과 악에 대해 스스로 판단하는 자가 된다는 것이었습니다. 아담이 사탄의 제안을 받아들인 결과, 전 인류는 모든 신적인 것에 대해 뭔가 알고 있으며 충분히 신적인 것을 말할 수 있다고 생각하게 되었습니다. 하나님과 사람들을 어떻게 대해야 하는지 알고 있다고 생각하게 되었습니다. 자신의 지혜를 사용해 좋은 세상을 일궈 나갈 수 있으리라고 생각하게 되었습니다.

그러나 무슨 일이 일어났습니까? 아담과 하와의 첫 아들은 자기 동생을 죽인 살인자 가인이었습니다. 이 세상의 첫 사람, 아담과 하와의 첫 소생은 형제 살인자였습니다. 에덴에 뿌려진 악의 씨앗이 싹을 틔운 사건입니다. 그것이 첫 사람 아담과 하와가 얻고자 했던 지혜, 곧 하나님처럼 되고자 했던 지혜의 열매였습니다. 우리에게 뭔가 생각하도록 해주지 않습니까?

"스스로 지혜 있는 체하지 말라"(롬 12:26). 자기 형제를 죽이는 자가 되지 않으려면, 스스로 지혜 있는 체하지 말라는 것입니다. 사람을 어떻게 대해야 하는지, 원수를 어떻게 대해야 하는지 알고 있다고 생각하지 말라는 것입니다. 선이 무엇이며, 악이 무엇인지 알고 있다고 생각하지 말라는 것입니다. 그렇게 하지 않으면 인류는 서로 뒤엉켜 멸망의 길을 가게 될 것입니다.

"스스로 지혜 있는 체 하지 말라." 인류를 향한 하나님의 길, 원수를 향한 하나님의 길을 바라보라는 것입니다. 하나님이 걸어가신 그 길은 성경 말씀에서도 어리석은 길이라고 칭할 정도로 정말 어리석어 보입니다. 원수를 향한 하나님의 사랑의 길은 십자가에 죽으시기까지 사랑하는 것이었기 때문입니다. 그러므로 전 인류를 향한 난공불락의 하나님 사랑, 자녀 된 우리와 똑같이 우리 원수를 향한 하나님의 지칠 줄 모르는 사랑의 증거인 예수 그리스도의 십자가를 아는 것이 최고의 지혜입니다.

혹시 하나님이 우리의 원수보다 우리를 더 사랑하실 것이라고 생각합니까? 우리가 하나님의 특별한 사랑을 받는 자녀라고 생각합니까? 그렇게 생각한다면, 우리는 그리스도인이기를 포기하고 바리새인의 자리에 눌러앉은 것입니다.

하나님이 우리의 원수를 우리보다 덜 사랑하시겠습니까? 하나님은 우리만을 위해서가 아니라, 우리의 원수를 위해서도 이 세상에 오셨습니다. 하나님은 그들을 위해 고난당하셨고, 그들을 위해 죽으셨습니다. 십자가는 전 인류에게 속한 것이며, 전 인류를 위한 것입니다.

"하나님은 원수를 사랑하신다"고 십자가는 우리에게 말해 주고 있습니다. 하나님은 우리의 원수를 위해 고난당하시고, 그들을 위해 고민하시며 아파하십니다. 하나님은 그들을 위해 자신의 사랑하는 아들을 내어 주셨습니다. 우리의 인생길에서 원수를 만나게 되면, 우리는 즉시 "하나님이 그를 사랑하신다"는 사실을 떠올려야 합니다.

그러므로 "스스로 지혜 있는 체하지 말라"는 말씀은 원수를 대하는 우리의 태도가 어떠해야 하는지 알려 줍니다. 그것은 첫째, 너도 하나님의 원수였다는 사실과 아무 자격 없는 너에게 조건 없이 하나님의 긍휼이 임했다는 사실을 기억하라는 것입니다. 둘째, 하나님은 네 원수를 위해서도 십자가의 길을 가셨으며, 너를 사랑하시는 것과 똑같이 네 원수를 사랑하신다는 사실을 기억하라는 것입니다.

"아무에게도 악을 악으로 갚지 말고 모든 사람 앞에서 선한 일을 도모하라. 할 수 있거든 너희로서는 모든 사람과 더불어 화목하라. 내 사랑하는 자들아, 너희가 친히 원수를 갚지 말고 하나님의 진노하심에 맡기라"(롬 12:17-19).

악은 당신을 상하게 하는 것이 아니라, 악을 행하는 자를 상하게 할 뿐입니다. 불의를 당하는 것으로 인해 그리스도인이 상하게 되는 법은 없습니다. 그러나 불의를 행하는 순간, 당신 자신이 상하고 맙니다. 그러므로 악이 당신에게 원하는 단 한 가지는 당신도 악해지는 것입니다. 그때 비로소 악이 당신에 대해 승리할 수 있기 때문입니다.

그러니 악을 악으로 갚지 마십시오. 그렇게 되면 악에게 해를 입히는 것이 아니라, 당신 자신만 상처를 입고 맙니다. 당신에게 악한 일이 일어나면, 위험에 처하는 것은 당신이 아니라 당신에게 악을 행하는 그 사람입니다. 당신이 그를 돕지 않으면, 그는 그가 행한 악으로 인해 자기 생명을 잃을 것입니다. 그러므로 타인을 위해, 타인에 대한 책임을 다하기 위해 악을 악으로 갚지 말아야 합니다.

하나님이 당신의 악을 단 한 번이라도 악으로 갚은 적이 있었습니까?

신뢰 16

배신을 경험해 보지 않은 사람이 있을까요? 예전에는 너무도 이해하기 어렵던 유다의 모습이 더 이상 낯설지가 않습니다. 우리가 살아가는 공기는 불신의 전염병이 퍼져서 거의 멸망할 지경에 이르렀습니다.

그러나 불신의 벽을 돌파하고 나면, 지금까지 전혀 알지 못하던 신뢰의 경험을 하게 됩니다. 서로를 신뢰한다면 우리는 타인에게 자기 생명도 맡길 수 있으며, 우리의 행동과 삶이 처한 온갖 모호성에도 불구하고 무제한적으로 신뢰할 수 있습니다.

언제나 모험이 따르지만, 기쁨으로 받아들인 모험이라 할 수 있는 신뢰 속에서만 우리는 진실로 삶을 영위할 수 있으며 일할 수 있다는 사실을 알고 있습니다. 불신을 심고 불신에 기회를 주는 것이 얼마나 나쁜 일인지요. 그러므로 우리는 할 수만 있다면, 온 힘을 다해 신뢰를 돈독하게 하고 장려해야 함을 알고 있습니다.

신뢰는 더불어 살아가는 인간 사회에서 언제까지나 가장 위대하고 복된 선물인 동시에 가장 희귀한 선물로 남아 있을 것입니다. 그러나 그 신뢰는 불가피하게 불신이라는 어두운 배경에서만 생성됩니다.

우리는 야비한 자와는 어떤 경우에도 야합하지 않을 것이나, 신뢰할 만한 자에게는 자신을 아낌없이 내어 줄 수 있음을 배웁니다.

깨어 있다는 것 ¹⁷

인간은 결코 몽롱한 상태로 있거나 잠들어서는 안 됩니다.
인간은 깨어 있어야 하는 존재입니다.
깨어 있다는 것은 정신을 차리는 것을 말합니다.
허망한 꿈과 소원에 머물러 있는 것이 아니라,
현실에 두 발을 딛고 살아가는 것입니다.
깨어 있다는 것은 낮을 사랑하고,
낮의 일을 사랑하는 것을 말합니다.
다른 말로, 헛된 환상을 품지 않는 것입니다.
헛된 환상은 세상을 우상화하고,
오직 하나님 한분께 고정시켜야 할 시야를 흐리게 합니다.
그래서 이 세상을 자신의 소원과 선입견이라는
색채를 통해 보게 만듭니다.

깨어 있다는 것은 이 세상을 판단의 눈으로 보는 것이 아니라,
하나님 앞에 있는 그대로 보는 것을 말합니다.
깨어 있다는 것은 열려 있고,
미래를 위해 준비하며,
두 눈을 똑바로 뜨고 두려움 없이 미래를 직시하는 것을
말합니다.
깨어 있다는 것은 하나님의 밝은 낮을 있는 그대로 보고,
하나님의 피조물과 하나님의 일을 사랑하는 것을 말합니다.
그와 동시에 피조물의 고통과 타인의 곤경, 무력함을

직시하고

그가 요청하지 않더라도

그의 필요를 조용히 채워 주는 것을 말합니다.

깨어 있다는 것은 영원한 책임에 관해 아는 것을 말합니다.

하나님의 비밀[18]

이 세상에 숨겨진 하나님의 비밀은 예수 그리스도이십니다. 한 낱 목수에 불과한 나사렛 예수가 영광의 주님이라는 사실이 하나님의 비밀입니다. 인간을 너무도 사랑하신 하나님이 이 세상에서 가난하고 비천하며 무시당하고 약하게 되셨다는 것이 비밀입니다.

우리가 신성을 덧입을 수 있도록, 하나님이 우리와 같은 인간이 되셨다는 것이 비밀입니다. 우리가 하나님께 나아갈 수 있도록, 하나님이 우리와 같은 인간이 되셨다는 것이 비밀입니다.

하나님이 우리를 위해 스스로 낮아지셨으며, 나사렛 예수 안에 하나님이 계시다는 사실이 바로 은밀하게 숨겨진 지혜입니다. 그것은 눈으로 보지 못했고, 귀로도 듣지 못했으며, 그 누구도 마음에 품지 못했던 사실입니다. 비천함과 가난함 속에 나타나는 하나님의 영광, 인간에 대한 사랑 속에 나타나는 하나님의 영광, 하나님이 멀리 계시지 않고 우리 가까이 오셔서 우리를 사랑하신다는 것, "하나님의 사랑과 임재"가 바로 그분을 사랑하는 자를 위해 하나님이 예비해 놓으신 놀라운 비밀입니다.

세상을 지으신 창조주 아버지 하나님, 예수 그리스도 안에서 우리를 죽기까지 사랑하신 하나님, 성령 안에서 우리 마음을 여시는 하나님, 우리가 사랑하는 하나님은 한분 하나님입니다.

그분은 세 분 하나님이 아닙니다. 이 세상을 창조하시고 처음부터 마지막 날까지 붙잡고 계시며 구속하시는 한분 하나님입니다. 이와 동시에, 각각 창조주 아버지로서 하나님, 예수 그리스도로서 하나님, 성령으로서 하나님입니다. 이것이 바로 우리가 비밀로서 경배하고 이해하는 신성의 깊이입니다.

우리의 말로는 예수 그리스도의 낮아지심 속에 있는 하나님의 계시와 온 세상을 위한 성령의 은사로 존재하는 하나님의 비밀을 겨우 암시할 수 있을 뿐입니다. 사랑 속에 나타나는 하나님의 영광, 이것이 바로 그분의 비밀입니다. 우리가 예배를 시작하며 하나님 아버지와 아들과 성령의 이름으로 말하기 시작하면, 우리는 하나님의 사랑의 비밀로 기도하는 것입니다.

실천 19

이미 생일 축하 편지를 보냈지만, 한 번 더 쓰고 싶은 마음을 어찌할 수 없습니다. 마음 같아서는 매일 한 통의 생일 축하 편지를 보내고 싶습니다. 이제 당신은 스무 살이 되는군요. 당신의 스무 살이 인생에서 가장 중요한 경험들과 과제들로 이미 꽉 차 있는 데 비해, 스무 살의 나는 아무것도 모르는 철부지였던 것을 돌이켜 생각해 보면 참으로 부끄러워집니다.

그때 나는 인생이 사고와 책들로 이루어져 있는 것처럼 여기며 첫 책을 썼고, 두렵게도 그것을 아주 자랑스러워했습니다. 그러나 그때 누가 나로 인해 유익을 얻었습니까? 누구를 기쁘게 하며 행복하게 했습니까? 그런데 당신은? 다행스럽게도 당신은 책을 쓰는 대신, 나로서는 다만 꿈이었을 뿐인 것을 알고 행하며 경험하면서 실제 삶으로 살아가고 있습니다.

지식과 소원, 행동과 감정, 참고 견디어 내는 삶이 당신에게는 따로 동떨어져 있지 않고 하나의 전체가 되어 서로 강하게 하며 완전하게 합니다. 당신 자신은 그 사실을 알지 못할 테고, 그것이 가장 좋은 것이어서 어쩌면 나도 이런 말을 하지 않는 게 더 나을지도 모르겠습니다.

그러니 내가 한 말은 잊어버리고, 나를 위해 항상 지금 그대로의 모습을 간직해 주십시오. 서로 분리되지 않고 완전한 전체를 이루는 그것이 내가 동경하며 갈망하는 것입니다. 그것이 내게 절실히 필요하며, 그것을 당신에게서 발견하고 사랑하기 때문입니다.

오늘은 결혼식을 올리는 신랑과 신부뿐 아니라, 가족과 친구, 그리고 교회에 모인 모든 이들에게 더없이 기쁜 날입니다. 세상에서 흔히 말하듯, 한 사람의 인생에서 평생 사랑할 배우자를 만나는 것은 실로 생애 최고의 기쁨이라 할 수 있습니다. 사랑하고 사랑받는 것이야말로 인간 행복의 절정입니다. 사랑하는 것은 인간의 모든 동경과 노력, 희망과 소원이 성취되는 유일한 경험이자, 삶의 궁극적 의미라 할 수 있습니다. 인간은 사랑에 목마른 존재입니다. 한 사람의 인생에서 사랑이 없다면, 다른 모든 것은 공허하며 헛될 뿐입니다. 모든 것이 사랑으로 인해 중요한 것이 되고, 사랑으로 인해 위대해지며 아름다운 색채를 덧입습니다.

그런데 하나님도 사랑에 목말라하십니다. 하나님도 사랑하고 사랑받고 싶어 하십니다. 이런 면에서 인간은 하나님을 닮았습니다. 바로 그러한 이유로, 사람이 사랑을 경험할 때면 하나님을 생각하게 됩니다. 하나님은 사랑이십니다(요일 4:16). 하나님은 사랑하기를 원하시며 사랑받기를 원하십니다.

그러나 우리의 사랑은 하나님의 사랑과 같지 않습니다. 하나님의 사랑은 자기 유익을 구하지 않으며, 모든 것을 참으며, 모든 것을 믿으며, 모든 것을 견디는 사랑입니다(고전 13:5-8). 하나님의 사랑은 결코 멈출 줄을 모릅니다. 그러나 우리의 사랑은 어떻습니까? 얼마나 쉽게 무너지고, 이기적으로 변하며, 오래 참지 못합니까! 그러므로 우리의 사랑은 하나님의 사랑을 통해 근원부터 거룩해지고 정결하게 되어야 합니다.

우리는 한 사람이 자신의 사랑과 신의, 정직함을 타인에게 약속하는 것이 얼마나 진지하고 용감한 일인지 잘 알고 있습니다. 인간의 본성이 얼마나 약하고 자주 변하며, 인간이 사랑과 신의의 참된 의미를 모른다는 사실을 경험하기 때문입니다. 우리는 결혼이 얼마나 큰 모험인지 알고 있으며, 결혼이 하나님을 향한 그리스도인의 믿음과 순종에 가히 비교할 만하다는 사실을 알고 있습니다. 그래서 결혼하려는 결심이 분명해지면, 유일하게 참된 사랑과 신의를 가지신 하나님을 향해 눈을 들게 됩니다.

오늘 결혼하는 두 사람은 하나님의 도우심과 능력과 조언을 구하기 위해 이곳에 서 있습니다. 오직 그분의 도우심을 의지할 때에야 하나님과 교회 앞에 엄숙한 선서를 할 수 있습니다. "어머니께서 가시는 곳에 나도 가고 어머니께서 머무시는 곳에서 나도 머물겠나이다"(룻 1:16). 룻기 말씀은 이 약속의 의미를 여실히 보여줍니다. 우리는 이 구절이 의미하는 바를 분명히 알고 있습니까? 우리가 어떤 길을 가야 하며, 미래가 우리를 어디에 머물게 할지 알고 있습니까? "어머니께서 가시는 곳에 나도 가겠나이다." 이 약속의 유일한 토대는 무엇입니까? 우리가 가야 할 길이 불가항력적으로 정해져 있음을 알고 있습니까? "어머니의 백성이 나의 백성이 되고 어머니의 하나님이 나의 하나님이 되시리니." 이것이 그 대답입니다.

그러나 "어머니의 하나님이 나의 하나님이 되시리니"라는 말에는 더 깊은 의미가 있습니다. 남편과 아내가 모든 것을 공유할지라도, 아주 결정적이고 개인적인 이 영역에서 일치하지 않는다면, 결혼 생활이 거의 불가능하게 여겨질 정도로 힘든 과제가 될 것입니다. 진정한 기독교적 의미에서 결혼한다는 것은, 함께 기도할 수 있다는 것을 뜻합니다.

두 사람의 인생에 늘 함께하시고, 두 사람을 믿음 있는 교회의 지체로 인도하신 하나님께 감사드립니다. 두 사람은 우리 인생에 살 만한 가치를 부여하며, 사랑에 사랑의 의미를 부여하는 유일한 분에게서 모든 사랑과 믿음을 공급받게 될 것입니다. 그리고 이러한 삶을 살면서 서로 섬기게 될 것입니다.
삶은 섬김입니다.
사랑은 섬김입니다.
결혼은 섬김입니다.
이웃을 섬기는 삶을 통해 하나님을 섬기는 것이
하나님의 뜻입니다.

루터는 단 한 번 번갯불 사건을 겪은 후, 그것을 여러 해에 걸쳐 일생의 전환점으로 삼았습니다. 오늘날 이러한 기억력은 어디로 가 버렸을까요? 어쩌면 도덕적 기억력의 상실이 모든 유대 관계를 깨뜨리고, 사랑과 결혼, 우정, 신의를 망쳐 버리는 원인은 아닐까요? 아무것도 고정되어 있지 않고, 굳게 자기 자리를 지키고 있는 것도 없습니다. 모든 것이 단기간에 지나가 버리고, 잠시 후면 사라져 버립니다.

그러나 정의와 진리, 아름다움과 같은 자산들, 모든 위대한 열매가 맺히기까지는 시간과 영속성, 기억하는 힘이 필요하며, 그렇지 않으면 변질되어 버립니다. 과거에 대해 책임지는 자세로 미래를 꾸려 나가지 않는 자는 거울에 비친 자기 모습을 보고도 곧 잊어버리는 자와 같습니다.

모든 그리스도인의 삶의 근원과 본질은 단 한 가지 사건에서 결정된다고 해도 과언이 아닙니다. 그것은 바로 오직 은혜로 말미암은 죄인의 칭의라고 하는 종교개혁 선언입니다. 그 사람이 본래 어떤 인물인지가 아니라, 오직 이 사건 속에서 의롭게 된 존재가 그리스도인의 삶을 천명합니다. 여기서 인간 삶의 광범위하고 긴 여정은 어느 한 순간에 포착되며, 한 지점에 집약됩니다. 삶 전체가 은혜로 말미암아 의롭다 함을 받은 사건 속에 에워싸여 있습니다.

무슨 일이 일어난 것일까요? 한마디로 한 인간의 존재나 행동, 또는 그가 받는 고난에 의해 파악될 수 없는 궁극적인 일이 일어난 것입니다. 인간의 삶은 마치 안팎으로 자물쇠가 단단히 채워진 칠흑같이 캄캄한 갱도와도 같습니다. 그곳에서 인간은 속수무책으로 점점 더 깊은 심연으로 빠져들어 갑니다. 그런데 이러한 인간 삶의 잃어버린 갱도를 뚫고, 하나님의 말씀이 강력한 힘으로 그것을 열어젖히며 들어옵니다. 이때 사람들은 처음으로 구원의 빛 아래 하나님과 이웃을 인식하고, 지금까지 살아온 삶의 미로는 붕괴됩니다. 이제 인간은 하나님과 형제들을 위해 자유로운 존재가 됩니다. 인간은 자기를 사랑하고 품어 주시는 하나님이 존재한다는 사실을 깨닫게 됩니다. 또 자기 옆에 있는 형제는 자기와 똑같이 하나님의 사랑을 받는 형제임을 마음으로 깨닫게 됩니다. 그리고 미래는 교회와 함께하시는 삼위

일체 하나님의 손안에 있음을 인식하게 됩니다. 그는 믿고, 그는 사랑하며, 그는 소망하는 것입니다. 인간 삶의 과거와 미래는 모두 하나님의 현존 안에서 하나가 됩니다. 모든 과거는 용서의 말씀을 통해 포용되고, 모든 미래는 하나님의 신실하심 안에 소중하게 간직됩니다. 과거의 죄는 예수 그리스도 안에 있는 하나님의 사랑으로 말미암아 깊은 심연 속으로 가라앉고 극복됩니다. 미래는 더 이상 죄가 없는 하나님에게서 기인하는 삶이 됩니다(요일 3:9). 그 삶은 영원부터 영원까지 펼쳐져 있으며, 영원부터 영원까지 지속되는 삶입니다. 그리고 세상이 창조되기도 전에 선택되어 영원한 구원에까지 이르는 삶입니다. 이 삶은 자신이 교회의 지체이며, 삼위일체 하나님을 찬송하는 피조물의 일원임을 아는 삶입니다.

이러한 모든 일은 그리스도가 인간에게 가까이 다가오실 때 일어납니다. 그리스도 안에서 이러한 모든 일은 진리이며 현실입니다. 이것은 꿈이 아닙니다. 이제 인간은 그리스도의 임재를 경험하는 삶을 살게 됩니다. 그의 삶은 더 이상 잃어버린 삶이 아닌 의롭게 된 삶입니다. 그의 삶은 오직 은혜로 말미암아 의롭게 된 삶입니다.

과거

1

과거라는 땅 위에 깊이 뿌리 내리는 것은
삶을 무겁게 만들기도 하지만
동시에 더 부요하게 하며 더 강하게 합니다.
인간에게는 기본이 되는 진리가 있는데
삶은 언젠가 다시 그 진리로 돌아갑니다.
그러니 지나치게 서두르지 말고,
기다리는 법을 배워야 합니다.
성경은 "하나님은 이미 지난 것을 다시 찾으시느니라"
(전 3:15)고 말합니다.

2

우리는 지나간 과거를 잃어버려서는 안 됩니다.
과거는 우리의 것이므로,
우리의 한 부분으로 남아 있어야 합니다.
그렇지 않으면 불만스러워지고 우울증에 빠지기 쉽습니다.
우리는 과거의 모든 것을 감사와 회개라는 목욕을 통해
항상 새롭고 정결하게 씻어 내야 합니다.
그러면 과거는 우리의 것으로 남아서
우리에게 유익을 줍니다.
그것은 분명 흘러간 과거이지만 나의 과거입니다.
그러므로 하나님의 선물에 대한 깊고 헌신된 감사와 함께

하나님의 선물을 끊임없이 망쳐 버리는
우리의 한심스러운 모습에 대한 회개를 통해
과거가 현재 우리의 것이 되어 남아 있도록 해야 합니다.
그러면 우리는 스스로 자책하거나 괴로워하지 않고
과거를 돌아볼 수 있으며
과거로부터 필요한 모든 힘을 길어 낼 수 있습니다.
모든 흘러간 과거 위에는
하나님의 선하심과 용서가 머물러 있기 때문입니다.

3
그것은 과거이지만, 나의 과거입니다.
그것은 내 인생사의 한 부분입니다.
내가 지금까지 경험하고 체험하며 행한 모든 일,
비록 그 속에 잘못과 실수가 있을지라도
그 모든 것이 없다면 오늘의 나도 없습니다.
그러므로 우리는 결코 자신의 과거를 무시해서는 안 됩니다.

현재는 영원한 빛에 의해 조명되는, 하나님의 눈 아래 있는 거룩한 시간입니다. 현재는 책임 있게 행해야 할 우리와 함께하시는 하나님의 시간이며, 모든 현재, 곧 오늘과 내일은 다양한 모양으로 실재하는 현재입니다. 전 세계사에서 진실로 중요한 시간이 있다면, 언제나 현재가 있을 뿐입니다.

현재에서 도피하는 사람은 하나님의 시간에서 도피하는 것이며, 시간에서 도망치는 사람은 하나님에게서 도망치는 것입니다. 시간의 주인은 하나님이며, 시간의 전환점은 그리스도이며, 올바른 시대정신은 성령입니다.

여러분의 인생에서 하나님의 현재인 현시대를 섬기십시오. 하나님은 여러분의 시대를 거룩하게 하셨습니다. 모든 시대는 하나님과 직접 연결되어 있으며, 하나님은 우리 모습 그대로 우리의 전부를 원하십니다. 열정과 근심, 행복과 곤궁, 진지함과 경솔함, 환호성과 탄식과 함께 자신의 고유한 뜻을 품은 인간이 되십시오. 하나님은 땅을 피하고 멀리하는 유령이 아니라 인간을 보기를 원하십니다. 하나님은 땅을 사랑하셨고, 우리를 땅의 흙으로 지으셨습니다.

오직 땅 위에 두 발로 서 있는 자, 온전히 땅의 자녀로 머물러 있는 자, 도달할 수 없는 곳을 향해 절망적인 비행을 시도하는 것이 아니라, 그가 가진 것으로 만족하며 그것을 감사함으로 붙드는 자만이 인류의 충만한 능력을 소유하게 됩니다. 그는 시대를 섬기며, 이로써 영원을 섬기는 자가 됩니다.

선한 사마리아인이 현재의 사람이었듯, 거룩한 현재의 사람이 되십시오. 그러면 여러분은 영원의 사람이 될 것입니다. 시대의 주인은 하나님입니다. 시대의 전환점은 그리스도입니다. 올바른 시대정신은 성령입니다.

1

기도와 예수님을 따르는 제자의 삶, 그 둘은 항상 함께하며 어느 하나만으로 존재할 수 없습니다. 확신 있게 기도하고 기꺼이 예수님을 따르는 삶, 이것이 충만한 삶입니다.

미래에 대한 은밀한 궁금증과 의문을 품고, 가끔 불신앙으로 매일의 성구를 펼치기도 하는 우리에게 성경은 아무 대답도 주지 않습니다. 그것은 우리를 힘들게 하기도 하지만, 오히려 좋은 일입니다. 그러면 우리는 오직 하나님만 의지할 수 있기 때문입니다.

오직 하나님 안에서 살기 위해 하나님을 의지하고, 자기 자신을 포기하는 일은 얼마나 아름다운지요! 우리가 그리스도를 따르는 삶을 살면, 우리의 미래는 잘될 수밖에 없습니다.

2

우리 앞에 놓여 있는 길은 아주 좁으며, 때로는 거의 찾기 힘들 정도입니다. 그 길은 날마다 그날이 마지막인 것처럼 여기면서도, 여전히 아름다운 미래가 있다는 듯 믿음과 책임감으로 살아가는 길입니다.

예레미야는 거룩한 도성의 파괴에 직면하여, 자신이 외친 재앙

예언과 모순되는 선포를 했습니다. "사람이 이 땅에서 집과 밭과 포도원을 다시 사게 되리라"(렘 32:15). 그는 미래에 대한 소망이 철저히 무너진 상황에서 새롭고 위대한 미래의 신적인 표지와 증표를 선포했습니다.

다음 세대를 염두에 두고 사고하며 행동하는 것, 날마다 두려움과 염려 없이 살겠다고 마음을 다잡는 것이 지금 우리에게 절박하게 요구되고 있으며, 용감하게 견지해 나가는 것이 쉽지 않더라도 꼭 필요한 자세입니다.

이데올로기 ²⁶

이데올로기는 실컷 난폭한 짓을 하고는 인간을 내팽개쳐 버립니다. 그것은 마치 악몽이 인간을 괴롭힌 후 잠에서 깨어나면 즉시 떠나 버리는 것과 같습니다. 그것을 회상하는 일은 쓰라립니다. 인간은 그런 일을 겪은 후 더 성숙해지고 강해지는 것이 아니라, 단지 더욱 가련하고 더욱 불신하는 자가 되어 버립니다.

인간이 이러한 비참한 상황에서 깨어나는 시간에, 그분 앞에 다만 피조물로 살아갈 수밖에 없는 존재에게 하나님이 창조주이심을 계시해 주시고, 그렇게 함으로써 가난한 영혼에 복 주신다면 그것은 은총입니다.

인간은 가장 영적이라는 영성 속에서도 단지 인간일 뿐입니다. 다시 말해, 종교 생활을 하더라도 인간은 인간이며 죄인입니다. 종교 역시 육체의 일부분입니다. 즉, 행복과 쾌락에 이르기를 원하는 욕망의 표출이며, 자아를 추구하는 열망일 뿐입니다. 인간은 그 모습 그대로 하나님의 심판 아래 놓여 있습니다.

오직 하나의 길이 있다면, 하나님이 인간을 찾아오셔서 은혜를 베푸시는 길이 있을 뿐입니다. 하나님이 영원으로부터 시간 속으로 들어오시는 길, 예수 그리스도의 길이 있을 뿐입니다. 이 길은 인간의 방법에 대해 회의를 느끼는 세상 한복판에서 강력하게 울려 퍼지는 참으로 모순적인 메시지입니다.

종교가 아니라, 계시와 은혜입니다. 이것이 온 세상을 향해 활짝 열려 있는 구원의 말씀입니다.

선악에 대한 지식

선악에 대한 지식을 가진 인간은 근원으로부터 규정된 자기 존재의 현실에서가 아니라, 선일 수도 있고 악일 수도 있는 선택의 가능성에서 자신을 이해합니다. 이제 인간은 하나님과 나란히, 그러나 하나님 바깥에 있으면서 하나님과 나란히 서 있는 자신을 인식합니다. 이 말은 이제 인간은 단지 자기 자신만을 인식할 뿐, 전혀 하나님을 인식하지 못한다는 뜻이기도 합니다. 왜냐하면 인간은 오로지 하나님 한분을 인식할 때만, 진정으로 하나님을 알 수 있기 때문입니다.

그러나 인간은 자기 근원으로부터 자유로울 수 없습니다. 인간은 하나님 안에 근원을 둔 자신을 아는 대신, 이제는 마치 자기 자신이 근원인 줄 알고 살아야만 합니다. 인간은 자신의 가능성, 곧 선일 수도 있고 악일 수도 있는 선택의 가능성에 따라 자신을 이해하면서 자신을 선악의 근원으로 파악합니다. 즉, 그는 하나님과 같이 되었습니다(Eritis sicut Deus). 하나님은 "사람이 선악을 아는 일에 우리 중 하나같이 되었다"라고 말씀하십니다(창 3:22).

본래 하나님의 형상대로 창조된 인간이 이제는 도둑질을 하여 하나님과 동등하게 된 것입니다. 하나님의 형상으로서 인간은 전적으로 하나님 안에 자신의 삶의 근원을 두었습니다. 그러나 하나님과 동등해진 인간은 자신의 근원을 상실하고 스스로 자신의 창조자와 심판자가 되었습니다. 하나님이 인간에게 이미 주신 것인데, 이제는 자기 자신의 힘으로 그런 존재가 되려는 것입니다. 그러나 하나님의 "선물"(Gabe)은 본질적으로 "하나님의"(Gottes) 선물입니다. 선물을 가치 있게 하는 것은 근원입니다. 근원이 뒤바뀌면, 그와 동시에 선물 자체가 변해 버립니다. 그렇습니다. 선물을 선물이게 하는 것은 바로 그 근원입니다. 하나님의 형상으로서 인간은 하나님을 근원으로 하여 살며, 하나님과 동등해진 인간은 자기 자신을 근원으로 하여 살아갑니다. 인간은 근원을 도둑질하여 하나님의 비밀을 자기 것으로 만들었습니다. 성경은 이 과정을 금단의 열매를 먹었다고 묘사합니다. 거기서 인간은 멸망하는 것입니다.

이제 인간은 선과 악이 무엇인지를 압니다. 이 말은 인간이 지금까지 알고 있던 지식에 새로운 지식이 더해졌다는 의미가 아닙니다. 선악에 대한 지식이란, 지금까지 자신의 근원으로 알고 있던 하나님에 대한 지식이 완전히 거꾸로 뒤바뀐 것을 의미합니다. 선악을 아는 지식을 통해 인간은 오직 근원 자체인 하나님만이 알 수 있고, 또 아는 것이 허락된 것을 알게 되었습니다. 성경도 하나님이 선악을 아는 분이라는 사실을 우리에게 매우 조심스럽게 말해 줍니다. 그것은 신적 은총에 의한 예정의 비밀에 대한 첫 암시입니다. 그것은 영원히 유일하신 분 안에 근원이 있는 영원한 분열의 비밀에 대한 첫 암시입니다. 그것은 그 안에 어둠이 조금도 없으시고, 오직 빛이 있는 분에 의한 영원한 구원과 선택의 비밀에 대한 첫 암시입니다.

선악을 안다는 것은 자기 자신을 선과 악의 근원으로, 영원한 구원과 선택의 근원으로 안다는 것을 의미합니다. 이것이 어떻게 가능한지에 대한 문제는 분열이 없는 그분만의 비밀로 남아 있습니다. 왜냐하면 그분은 유일하고 영원한 근원 자체이며, 모든 분열의 극복이기 때문입니다. 인간은 스스로 근원이 되기를 원하여 하나님에게서 이 비밀을 훔쳤습니다. 오직 선하신 하나님을 알고 모든 것을 그분 안에서 인식하는 대신, 인간은 이제 자기 자신을 선악의 근원으로 알고 있습니다. 자신을 하나님의 구원과 선택에 맡기는 대신, 스스로 선택하고 스스로 선택의 근원이 되고자 하는 것입니다. 말하자면 인간은 어느 정도 예정의 비밀을 자신 안에 지니고 있습니다. 오직 하나님에 의해 선택되어 사랑받는 존재라는 현실 속에서 자신을 인식하는 대신, 인간은 이제 선택, 곧 선악의 근원이 되는 가능성 안에서 자신을 인식합니다. 인간은 하나님과 같이 되었습니다. 그러나 하나님을 대적함으로써 그렇게 된 것입니다.

여기에 뱀의 기만이 있습니다. 인간이 선악을 안다는 것은, 하나님께 속한 선과 악을 안다는 의미가 아닙니다. 인간은 근원이 아닙니다. 인간은 선악을 아는 지식을 근원과의 분열이라는 대가를 치르고 샀습니다. 그러므로 인간이 아는 선악은 하나님의 선악이 아니라, 하나님을 대적하는 선악입니다. 그것은 하나님의 영원한 선택에 대항하여 인간 스스로 선택한 선악입니다. 인간은 하나님을 대적하는 신(Gegengott)으로서 하나님과 같이 된 것입니다.

"의를 위하여 박해를 받은 자는 복이 있나니 천국이 그들의 것임이라"(마 5:10).

여기서 말하는 의는 하나님의 의, 곧 예수 그리스도를 위해 받는 핍박에 관한 것이 아닙니다. 여기서 예수님은 의로운 일을 위하여 핍박받는 자들이 복되다고 말씀하고 계십니다. 첨언하자면, 참되고 선하며 인간적인 대의를 위해 핍박받는 자들이 복되다고 말씀하신 것입니다(벧전 3:14, 2:20 참조). 이는 거짓 두려움에 사로잡혀 정의롭고 선하며 참된 대의를 위해 받는 모든 고난을 회피하는 기독교인들에 대한 강력한 도전입니다. 이러한 거짓 두려움은 의를 위해 핍박받는 자들이 복되다는 예수님의 말씀에 의해 노골적으로 불의한 것으로 규정됩니다. 그들은 외면상 명백하게 그리스도에 대한 신앙 때문에 고난받는 경우에만 선한 양심을 지킬 수 있다고 생각합니다. 의로운 일을 위해 받는 고난을 의심스런 눈초리로 바라보며, 자신에게서 밀쳐 내는 편협한 마음 자세로 살아갑니다.

그러나 예수님은 비록 그분의 이름을 위한 것이 아닐지라도, 의로운 일을 위해 고난받는 자들을 영접해 주십니다. 예수님은 그들을 보호하고 책임져 주시며, 그들의 정당한 요구를 수용하십니다. 결국 의를 위해 핍박받는 자들은 그리스도께로 인도함을 받습니다. 왜냐하면 고통과 책임의 시간에 그들이 그리스도께 호소하기 때문입니다. 그리하여 그들 스스로 그리스도인임을 고백하는 사건이 일어납니다. 그런 시간이 오면 비로소 자신이 그리스도께 속해 있음을 깨닫기 때문입니다. 아마도 그것은 그들 삶에서 처음 겪는 생소하고도 경이로운 체험일 것입니다. 그럼에도 그들의 내면 가장 깊숙한 곳에서 용솟음치는 필연성이 그들로 하여금 신앙고백을 하도록 합니다.

무법천지가 되어 버리고, 사악함이 자기 세상을 만났다는 듯이 판을 치는 무질서한 시대가 있습니다. 이런 시대에 복음은 정의롭고 진실하며 인간성의 가치를 추구하는 소수의 남은 자들의 모습에서 증명됩니다. 다른 시대에는 악인이 그리스도를 발견하고, 선인은 그리스도에게서 멀리 떨어져 있는 것을 경험하기도 했습니다. 그러나 지금 우리는 선인이 그리스도를 재발견하고, 악인은 그리스도를 거역하며 마음이 완고해지는 것을 경험합니다. 다른 시대에는 창녀나 세리 같은 죄인이 되기 전에는 그리스도를 인식하고 발견할 수 없다고 설교할 수 있었습니다.

그러나 지금 우리는 당신이 의로운 자가 되지 않으면, 그리스도를 인식하고 발견할 수 없을 것이라고 말해야 하는 시대를 살고 있습니다. 즉, 우리는 정의와 진리, 인간성을 위해 투쟁하며 기꺼이 고난받는 자가 되어야 한다고 말해야 하는 시대에 살고 있습니다.

이 둘은 똑같이 역설적이며, 그 자체로는 불가능한 명제들입니다. 그러나 이 명제들은 시대 상황을 그대로 묘사해 줍니다. 그리스도는 악인에게도 속하고 선인에게도 속하는데, 오직 죄인

된 악인과 선인에게 속합니다. 그들이 악한 모습이든 선한 모습이든, 근원에서 떨어져 나온 죄인이라는 사실은 동일합니다. 그리스도께서는 더 이상 악인이나 선인이 아니라, 의롭게 되고 성화된 죄인으로서 근원으로 돌아오라고 부르십니다.

율법에 대한 두 가지 상이한 태도가 있습니다. 그것은 심판과 행함입니다. 이 둘은 상호 배타적입니다. 심판하는 자는 율법을 타인에게 적용할 기준으로 이해하고, 자기는 율법을 집행할 책임이 있다고 여깁니다. 이로써 심판하는 자는 율법 위에 올라서게 됩니다. 동시에 그는 다음 말씀을 잊고 있습니다. "입법자와 재판관은 오직 한분이시니 능히 구원하기도 하시며 멸하기도 하시느니라. 너는 누구이기에 이웃을 판단하느냐"(약 4:12). 율법 지식을 근거로 형제를 고소하고 심판하는 자는 사실상 율법 자체를 고소하고 심판하는 것입니다. 왜냐하면 그는 율법이 그 자체로 관철해 나가며 효력을 발휘하는, 살아 계신 하나님의 말씀의 능력을 가졌음을 불신하고 있기 때문입니다. 그는 스스로 율법을 제정하고 심판하는 자가 됨으로써 하나님의 율법을 무력화시킵니다. 그렇게 되면 지식과 행동 사이에는 치유할 수 없는 틈이 생기고 맙니다. 그는 율법 지식을 토대로 형제를 심판하는 자가 되고, 결국에는 율법의 심판자가 되어 버립니다. 그런 자는 아주 많은 것을 행하는 것처럼 보여도, 결코 율법을 행하는 자가 아닙니다.

"율법을 행하는 자"는 심판자와는 달리 자기 스스로 율법에 복종하는 자입니다. 그는 결단코 율법을 형제를 심판하는 척도로 사용할 수 없습니다. 그와 마주하는 율법은 그에게 행동하도록 요청하는 역할을 할 뿐입니다. 잘못을 범한 형제를 대할 때도 율법을 행하는 자가 취할 수 있는 태도는 단 하나뿐입니다. 그것은 그 자신이 율법을 행함으로써 율법의 효력이 발생하도록 하는 것입니다. 바로 그렇게 함으로써 율법은 존중받고, 그 효력을 발휘하게 됩니다. 바로 그렇게 함으로써 율법은 스스로 자기 힘을 관철해 나가며, 인간의 도움을 필요로 하지 않는 살아 계신 하나님의 말씀으로 인정받게 됩니다.

이 사랑이 없으면

"내가 예언하는 능력이 있어 모든 비밀과 모든 지식을 알고 또 산을 옮길 만한 모든 믿음이 있을지라도 사랑이 없으면 내가 아무것도 아니요 내가 내게 있는 모든 것으로 구제하고 또 내 몸을 불사르게 내줄지라도 사랑이 없으면 내게 아무 유익이 없느니라"(고전 13:2-3).

이 말씀은 분열 가운데 있는 인간과 근원에 속한 인간을 구별하는 데 결정적입니다. 그것은 바로 사랑입니다. 사랑 없이도 그리스도를 알고, 그리스도에 대한 강한 믿음이 있을 수 있습니다. 심지어 사랑 없이도 죽기까지 사랑의 헌신과 신념을 가지고 행동할 수 있습니다. 이것이 문제입니다. "이 사랑"이 없으면 모든 것이 와해되고, 모든 것이 배척당합니다. 그러나 이 사랑 안에서는 모든 것이 하나되고, 모든 것이 하나님을 기쁘시게 합니다. 이 사랑이란 무엇입니까?

여기서 말하는 사랑은 기존에 우리가 알던 모든 사랑의 정의와 완전히 동떨어진 것입니다. 그것은 인간의 태도, 신념, 헌신, 희생, 공동체 의지, 감정, 형제애, 섬김, 행위로서 이해되던 사랑과 전혀 다른 것입니다. 이 모든 것은 단 하나의 예외도 없이, 우리가 지금 들은 바와 같이 "사랑" 없이도 존재할 수 있습니다. 우리가 사랑이라고 부르던 모든 것, 영혼 깊은 곳에, 그리고 가시적 행위 안에 살아 있는 것, 심지어 경건한 마음에서 우

II. 인간을 말하다

러나온 형제애로 이웃을 섬기는 것조차도 "사랑" 없이 행할 수 있습니다.

그 이유는 인간의 모든 행위에 항상 이기심의 "찌꺼기"가 있어서 그것이 사랑에 어두운 그림자를 드리우기 때문이 아닙니다. 그 이유는 여기서 말하는 사랑 자체가 일반적으로 통용되는 사랑의 의미와 전혀 다르기 때문입니다. 사랑은 객관적이고 비인격적인 질서의 법과 대립되는 개인적인 것, 개별적인 것과 관련된 인간들 사이의 직접적인 관계를 말하는 것이 아닙니다. 일반적으로 통용되는 사랑은 태도이며, 그것도 단지 부분적인 태도입니다. 그렇다면 "사랑"은 단순히 객관적 사실과 질서에 순응하는 저차원의 에토스[32]를 완성하고 보완하는 고차원의 인격적 에토스가 되어 버립니다. 예를 들어 사랑과 진리가 서로 갈등 속에 있다면, 인격적인 사랑을 비인격적인 진리 위에 두는 식입니다. 이렇게 되면 사랑은 진리와 함께 기뻐한다(고전 13:6)는 바울의 말과 정면으로 충돌하게 됩니다.

사람들은 갈등을 통해 사랑을 정의하려고 하지만, 사랑은 갈등을 모릅니다. 모든 분열 너머에 있는 것이 사랑의 본질에 속하기 때문입니다. 진리를 공격하는 사랑 또는 단지 진리가 중립을 유지하도록 하는 사랑에 대해, 루터는 분명한 성경적 시각에서 "저주받은 사랑"(verfluchte Liebe)이라고 칭합니다. 비록 사랑이 가장 경건한 의상을 입고 등장하더라도 마찬가지입니다. 단지 개인적이고 인간적인 관계의 영역만 포괄할 뿐, 객관적 사실 앞에 항복해 버리는 사랑은 결코 신약성경에서 말하는 사랑이 아닙니다.

사랑은 분열 속에서 살아가는 인간의 모든 분열 저편에 존재합니다. 결국 인간이 사랑이라고 이해하며 실천할 수 있는 모든 것은 이미 주어진 분열 속에서 취하는 인간의 태도일 뿐입니다. 그러면 이제 하나의 수수께끼, 곧 성경에서 말하는 "사랑"이 도대체 무엇인가 하는 물음이 남게 됩니다.

성경은 "하나님은 사랑이시라"(요일 4:16)고 말합니다. 이 문장을 분명하게 이해하기 위해서는 우선 "하나님"이라는 단어를 강조해서 읽어야 합니다. 그러나 우리는 사랑이라는 단어를 강조하는 데 익숙해져 있습니다. "하나님"이 사랑입니다. 다시 말해 인간의 태도, 신념, 행위가 아니라, 하나님 자신이 사랑입니다. 오직 하나님을 아는 자만이 사랑이 무엇인지 알 수 있습니다. 앞뒤 순서를 바꾸어 자연스럽게 사랑이 무엇인지 알고, 그 후에 하나님이 어떤 분인지 알게 되는 것이 아닙니다. 하나님 스스로 자신을 계시하지 않으신다면, 아무도 하나님을 알 수 없습니다. 따라서 하나님이 자신을 계시하지 않으신다면, 아무도 사랑이 무엇인지 알 수 없습니다. 그러므로 사랑은 하나님의 계시이며, 하나님의 계시는 곧 예수 그리스도입니다.

"하나님의 사랑이 우리에게 이렇게 나타난 바 되었으니 하나님이 자기의 독생자를 세상에 보내심은 그로 말미암아 우리를 살리려 하심이라"(요일 4:9). 예수 그리스도 안에 있는 하나님의 계시, 곧 하나님의 사랑의 계시는 그분에 대한 우리의 모든 사랑에 선행합니다. 사랑은 그 근원을 우리가 아닌 하나님 안에 두고 있습니다. 인간의 행동 방식이 아니라, 하나님의 행동 방식이 사랑입니다.

"사랑은 여기 있으니 우리가 하나님을 사랑한 것이 아니요 하나님이 우리를 사랑하사 우리 죄를 속하기 위하여 화목제물로 그 아들을 보내셨음이라"(요일 4:10). 우리는 오직 예수 그리스도 안에서만 사랑이 무엇인지 알 수 있습니다. 다시 말해, 우리를 위한 그분의 행동 안에서만 사랑이 무엇인지 알 수 있습니다. "그가 우리를 위하여 목숨을 버리셨으니 우리가 이로써 사랑을 알고 우리도 형제들을 위하여 목숨을 버리는 것이 마땅하니라"(요일 3:16). 여기서도 사랑의 보편적인 정의를 말하고 있지 않음을 분명히 해야 합니다. 즉, 타인을 위해 생명을 버리는 것이 사랑이라는 의미로 해석해서는 안 됩니다. 여기서 사랑이라고 불리는 것은 보편적인 것이 아니라, 예수 그리스도가 우리를 위해 자기 생명을 버리신 단 한 번의 유일한 행위입니다. 사랑은 하나님의 계시로서 예수 그리스도의 이름과 불가분의 관계로 연결되어 있습니다.

사랑이 무엇인가 하는 질문에 대해 신약성경은 철저하게 예수 그리스도를 가리킴으로써 아주 분명하게 대답합니다. "그분"이 사랑의 유일무이한 정의입니다. 그러나 여기서도 예수 그리스도와 그분의 행위와 고난을 바라보는 데서 눈을 돌려 사랑에 대한 하나의 보편적인 정의를 만든다면, 또다시 모든 것을 잘못 이해하고 맙니다. 그분이 행하고 고난당한 것이 사랑이 아니라, 행하고 고난당한 "그분"이 사랑입니다. 사랑은 항상 예수 그리스도, 그분 자신입니다. 사랑은 항상 하나님 자신입니다. 사랑은 항상 예수 그리스도 안에 있는 하나님의 계시입니다.

긍휼 33

우리는 방금 "내게 긍휼이 임했네"(필립 프리드리히 힐러의 합창곡, 1767)라는 찬양을 불렀습니다. 그리스도의 모든 교회는 날마다 새롭게 이 노래를 부릅니다.

"내게 긍휼이 임했네." 내가 하나님 앞에 여전히 마음 문을 닫고 있을 때, 내 마음대로 죄악된 길을 가고 있을 때, 하나님보다 죄를 더 사랑할 때, 내 죄로 인해 처량하고 비참한 처지가 되었을 때, 길을 잃고 어디로 가야 할지 모르던 그때, 하나님은 말씀으로 나를 찾아오셨습니다. 그때 나는 하나님이 나를 사랑하신다는 말씀을 듣고, 예수님을 만났습니다. 예수님이 내 곁으로 오셨습니다. 오직 예수님 그분만이 내 곁에서 나를 위로해 주셨습니다. 내 모든 죄를 용서해 주시고, 나의 죄악에 대해서는 아무것도 묻지 않으셨습니다.

"내게 긍휼이 임했네." 내가 하나님의 계명을 무시하고 원수로 살고 있을 그때, 하나님은 나를 친구처럼 대해 주셨습니다. 내가 하나님께 악을 행하고 있을 그때도, 하나님은 나를 오직 선함으로 대하실 뿐이었습니다. 하나님은 나의 악함에 대해 묻지 않으셨습니다. 하나님은 지칠 줄 모르는 사랑으로 나를 찾고 또 찾으셨습니다. 하나님은 나와 함께 고통당하셨고, 나를 대신해 죽으셨습니다. 나를 위해서라면 하나님은 하지 못할 일이 없으셨습니다. 그리하여 하나님은 나를 이기고 승리하셨습니다. 하나님은 그분의 원수였던 나를 친구로 얻으셨습니다. 아버지가 그분의 자녀를 잃었다가 다시 찾으셨습니다.

우리가 "내게 궁휼이 임했네"라고 찬양할 때면, 이런 은혜를 떠올리게 되는 것이 아닐까요? 하나님이 왜 이렇게 나를 사랑하시는지, 왜 나를 이토록 귀하게 여기시는지, 나는 도무지 이해하지 못합니다. 그분이 목숨을 내어 주시기까지 내 마음을 얻기를 원하셨고, 마침내 내 마음을 얻을 수 있었다는 사실을 저는 도무지 이해할 수 없습니다. 그러나 지금 저는 고백할 수 있습니다. "내게 궁휼이 임했네……."

자유에 이르는 길 위의 정거장들 [34]

훈련

자유를 찾아 떠나려거든
가장 먼저 감각과 영혼을 훈련하라.
그리하여 욕망과 몸의 지체들이
그대를 이리저리 끌고 다니지 못하게 하라.
영과 육을 순결하게 하고,
정해진 목표를 향해 그대를 온전히 드려 복종하라.
훈련을 통하지 않고는
그 누구도 자유의 비밀을 경험하지 못하리.

행동

마음 내키는 대로 사는 것이 아니라
과감하게 의를 행하는 삶,
가능성 속에서 휩쓸려 다니는 것이 아니라
현실을 용기 있게 붙드는 삶,
생각 속을 도피처로 삼는 것이 아니라
오직 행동하는 삶,
그 속에 자유가 있다.
불안하게 주저하는 태도를 버리고
오직 하나님의 계명과 신앙의 힘에 의지하라.

그러면 자유가 그대의 영혼을 환호하며 감싸 안으리.

고난

놀라운 변화!
그대에게는 힘차게 일하는 두 손이 있네.
그대는 무력하고 고독하게
행동의 최후를 응시하네.
그러나 깊은 안도의 숨을 내쉬며
묵묵히 옳은 일을 행하네.
그리고 확신 가운데 더 강한 손에 자신을 맡기고 만족하네.
그대가 단 한 순간이라도 복된 자유를 맛보았다면,
그 자유를 하나님 손에 올려 드려야 하리.
그리하여 하나님이 자유를 영광스럽게 완성하시도록.

죽음

이제 오라,
영원한 자유로 가는 길 위에 펼쳐지는 최고의 향연이여!
죽음이여,
덧없는 육체의 성가신 사슬을 끊어 버리고
눈먼 영혼의 장벽을 허물어 다오.
그리하여 지상에서는 보는 것이 허락되지 않은 것을
마침내 눈을 들어 바라볼 수 있도록.
자유여,
우리는 오랜 세월 훈련하고 행동하며

고난 속에서 그대를 찾아다녔네.
그리고 죽음의 문턱에 이른 지금,
하나님의 얼굴에서 그대를 인식하네.

성경은 결코 우리에게 두려움을 심기를 원치 않습니다. 하나님
은 인간이 두려워 떠는 것을 원치 않으십니다. 그것은 마지막
심판 앞에서도 마찬가지입니다. 하나님이 그 모든 것을 알려
주신 것은 삶이 무엇인지, 삶의 의미가 무엇인지 깨닫도록 하기
위함입니다. 오늘 이미 주어진 시간을 당당하게 마지막 심판의
빛 안에서 살아가도록 하기 위함입니다. 우리가 예수 그리스도
께로 가는 길을 발견하고, 악한 길에서 돌이켜 예수 그리스도
를 찾도록 하기 위함입니다.

그리스도께서 심판하십니다. 이것은 참으로 심오한 진리입니
다. 그리스도께서 심판하신다는 말은 긍휼의 주님이 심판하신
다는 의미입니다. 그분은 세리와 죄인들 가운데 계셨습니다. 그
분은 우리와 똑같이 시험받으셨습니다. 그분은 우리의 고통과
두려움, 소원들을 몸소 짊어지고 고난받으셨습니다. 그분은
우리를 알고 계시며, 우리 이름을 부르셨습니다.

그리스도께서 심판하신다는 말은 은혜가 심판자라는 뜻입니
다. 용서와 사랑이 심판자라는 뜻입니다. 누구든지 예수님의
은혜와 용서, 사랑을 받아들이는 자는 이미 죄사함을 받았다
는 뜻입니다. 자기 행위를 의지하는 자는 그리스도께서 그 행위
대로 심판하고 판결하실 것입니다. 그러나 우리는 심판의 날에
기뻐할 것입니다. 그날에 우리는 두려워 떠는 것이 아니라, 주

님의 손에 기꺼이 우리 자신을 맡길 것입니다.

그렇다면 마지막 심판의 날에 그리스도께서 우리에게 물으실 "선과 악"은 무엇입니까? 선이란 그 무엇도 아닌 하나님의 은혜를 구하며 그 은혜를 붙잡는 것입니다. 악이란 두려움이며, 자기 스스로 하나님 앞에 서려는 것입니다. 스스로 의로워지려는 것입니다.

회개한다는 것은 자신의 행위에 의지하여 서 있던 자리에서 돌이켜 하나님의 긍휼로 돌아오는 것입니다. "돌아오라, 돌아오라!" 이것이 성경 전체를 통해 우리를 부르며 외치는 말입니다.

그런데 어디로 돌아와야 합니까? 그분이 지으신 피조물을 그 무엇보다 사랑하시는 하나님께로 돌아와야 합니다. 우리를 버리지 않으시고, 애타는 마음으로 부르시는 영원하신 하나님의 은혜로 돌아와야 합니다.

나는 누구인가? 그들은 자주 말하기를,
내가 감방을 나설 때면
마치 영주가 자기 성에서 나오듯
태연하고 명랑하며 확고한 발걸음으로 걸어 나온다고 한다.

나는 누구인가? 그들은 자주 말하기를,
내가 간수들과 대화할 때면
자유롭고 다정하며 분명하게
마치 내가 명령하는 사람인 것처럼 행동한다고 한다.

나는 누구인가? 그들은 또 말하기를,
불행한 날들을 보내고 있는 내가
마치 언제나 승리에 익숙한 사람처럼
잔잔히 미소 지으며 자부심에 넘치는 것 같다고 말한다.

나는 정말 그들이 말하는 그 사람인가?
아니면 나 자신이 알고 있는 그 사람일 뿐인가?
새장 속의 새처럼 숨을 쉬려고 바둥거리며
색깔과 꽃, 새들의 노래 소리를 동경하며
한마디 친절한 말과 사람에 대한 그리움으로 목말라하고
폭력과 사소한 모독에도 분노하여 떠는 나,
뭔가 엄청난 일이 일어나길 바라는 기대로 방황하며

한없이 먼 곳에 있는 친구 걱정으로 어쩔 줄 몰라 하는 나,
기도하고 생각하고 창작하는 일에도
이제는 지치고 공허해져서
힘없이 모든 것에 이별을 고할 준비를 하는 그 사람이 나인가?

나는 누구인가? 전자인가, 후자인가?
오늘은 이 사람이고, 내일은 저 사람인가?
두 사람 모두 나인가?
사람들 앞에서는 위선자이며
나 자신 앞에서는 경멸스럽도록 비통해하는 겁쟁이인가?
아니면 아직도 내 속에는 이미 거둔 승리 앞에서
꽁무니를 빼려 하는 패잔병 같은 모습이 남아 있는 건가?

나는 누구인가?
이 고독한 물음이 나를 비웃는다.
내가 누구이건, 당신은 나를 아시니
오, 하나님, 나는 당신의 것입니다!

III. 신앙을 말하다

기독교란 무엇인가?[1]

기독교가 무엇이냐고 묻는다면, 저는 기독교란 하나님 앞에서 자신을 낮추고 모든 소망과 믿음을 하나님의 사랑과 도우심에 의지하는 무수한 사람들의 모임이라고 말하겠습니다. 기독교는 형제가 자기 형제를 위해 책임을 다하듯, 한 사람이 다른 사람을 위해 책임지는 성도의 교제입니다. 기독교는 믿음과 사랑 안에서 하나가 된 온 세상 모든 나라 사람들로 이루어진 거대한 하나의 백성입니다. 우리에게는 한분 하나님과 한분 주님, 하나의 믿음과 하나의 소망이 있을 뿐이기 때문입니다.

이것은 하나님의 백성이 가진 놀라운 비밀입니다. 인종이나 국적, 전통과 풍속의 모든 차이를 초월하여 하나님의 자녀들이 나누는 보이지 않는 성도의 교제가 있습니다.

성도의 교제는 한 사람 한 사람이 없어서는 안 될 사슬의 고리와 같음을 인식하고 있느냐에 그 성패가 달려 있습니다. 가장 작은 고리까지도 견고하게 맞물려 있을 때라야, 그 사슬은 절대 끊어지지 않는 법입니다. 한 사람이라도 쓸모없게 여겨지는 것을 용인한다면, 성도의 교제는 깨어지고 말 것입니다.

그러므로 각 구성원이 성도의 교제를 위해 일정한 과제를 맡는 것은 매우 유익합니다. 그러면 의심의 순간이 찾아오더라도, 자신이 없어서는 안 될 존재임을 느낄 수 있습니다. 그리스도 안에 있는 모든 교회는 약한 자가 강한 자를 필요로 하듯, 강한 자도 약한 자 없이는 존재할 수 없음을 분명히 인식해야 합니다. 약한 자를 무시하는 것은 곧 교회의 죽음을 의미합니다.

아침 기도 2

이른 아침 주님께 기도합니다.

저 혼자 힘으로는 기도할 수 없으니
제가 기도할 수 있도록 도우시고,
흩어진 생각을 모아 주소서.

제 속에는 어둠이 있으나 주님 곁에는 빛이 있습니다.
저는 고독하나 주님은 저를 버리지 않으십니다.
저는 무력하나 주님께는 도움이 있습니다.
저는 불안하나 주님께는 평화가 있습니다.
저는 견딜 수 없이 괴로우나 주님께는 인내가 있습니다.
저는 주님의 길을 알지 못하나 주님은 저의 길을 아십니다.

주 나의 하나님, 오늘 하루를 마치게 하시니 감사합니다.
이제 몸과 영혼이 쉴 수 있게 하시니 감사합니다.
오늘 하루도 주님의 손이 제 위에 계셔서
저를 보호하시고 지켜 주신 것을 감사합니다.
오늘도 저의 작은 믿음을 궁휼히 여기시며,
제가 행한 모든 잘못을 용서하소서.
그리고 제게 잘못을 범한 모든 사람을
기꺼이 용서할 수 있도록 도우소서.
주님의 보호 아래 평화롭게 잠들게 하시고
어둠의 공격으로부터 지켜 주소서.
사랑하는 가족과 친구들을 주님께 맡깁니다.
이 집도 주님께 맡깁니다.
나의 몸과 영혼을 주님께 맡깁니다.
하나님, 당신의 거룩한 이름이 찬송을 받으소서. 아멘.

특별한 곤경에서의 기도 [4]

주 하나님, 저는 큰 곤경에 빠졌습니다.
근심이 저를 질식시키려 합니다.
저는 어찌해야 할 바를 모릅니다.
하나님, 은혜를 베푸시고 도우소서.
당신이 주신 것을 감당할 힘을 주소서.
제가 두려움에 사로잡히지 않게 하소서.
아버지의 사랑으로 나의 소중한 사람들,
특히 여인들과 아이들을 돌보아 주소서.
당신의 강한 손으로 모든 악과 위험에서 그들을 보호하소서.
긍휼의 하나님,
제가 당신과 사람들에게 죄지은 모든 것을 용서하소서.
당신의 은혜를 신뢰하며,
나의 삶을 온전히 당신 손에 맡깁니다.
주님의 기쁘신 뜻대로 제게 행하시며,
가장 좋은 것이 무엇인지 아시는 주님께서
나의 삶 속에서 일하소서.
나의 하나님, 살든지 죽든지 저는 주님과 함께하며
주님은 저와 함께하십니다.
주님, 당신의 구원과 당신의 나라를 기다립니다. 아멘.

성경은
다른 책들처럼 쉽게 읽을 수 있는 책이 아닙니다.
우리는 진실로 성경 앞에 묻는 자세로 나아가야 하며
그때야 비로소 성경의 문이 열립니다.
우리가 마지막 해답을 성경에서 구할 때
성경은 우리에게 그 답을 보여줍니다.
성경 속에서 하나님이 우리에게 말씀하고 계시기 때문입니다.
하나님은 우리 스스로 유추할 수 없는 분이므로
겸손하게 묻고 들어야 합니다.
우리가 그분을 찾을 때에만, 그분은 대답하십니다.

우리가 사랑하는 사람의 말을 조각내어 분석하지 않고,
우선 그 말을 소중하게 마음에 담아 두고
그 말 그대로 여러 날 동안 떠올리며 음미하듯,
또는 마리아가 말씀을 마음에 간직해 두었듯(눅 2:51)
그런 자세로 성경을 대하는 자에게 말씀이 열립니다.
우리를 사랑하시는 하나님이
참으로 성경 속에서 말씀하고 계시며
우리가 묻는 질문에 침묵하지 않으심을 믿고
들으려는 자세로 나아갈 때,
우리는 성경으로 인해 참으로 기뻐하게 됩니다.

성경 전체가 우리에게 원하는 바는,
성경이 우리가 하나님을 발견하는 책이 되는 것입니다.
말하자면, 성경은 처음부터 쉽게 이해되고
편안하게 느껴지는 곳이 아니라,
우리의 본성과는 완전히 다르며
모든 장소보다 낯선 장소입니다.
그러나 하나님이 우리를 만나기 위해 정해 놓으신
바로 그곳이 성경입니다.

우리가 하나님께 기대하며 구할 수 있는 이유는 오직 예수 그리스도 안에 있습니다. 그러므로 하나님이 무엇을 약속하시고, 무엇을 성취하시는지 알기 위해 예수님의 삶과 말씀, 행하심, 그분의 고난과 죽으심에 대해 날마다 아주 오래 조용히 묵상하는 시간을 가져야 합니다.

확실한 것은 우리가 항상 하나님 가까이서 그분의 임재 가운데 살아갈 수 있다는 사실입니다. 이러한 삶은 전혀 새로운 삶이지만, 하나님께는 불가능이 없으므로 우리에게 더는 불가능이란 없습니다. 하나님이 허락하지 않으시면, 세상 권력이 우리를 건드릴 수 없습니다. 위험과 곤경은 단지 우리로 하여금 하나님께 더 가까이 나아가게 하는 도구가 될 뿐입니다. 그뿐만 아니라, 우리가 아무것도 요구하지 않을지라도 모든 것을 구할 수 있다는 사실입니다.

고난 속에 우리의 기쁨이, 죽음 속에 우리의 생명이 감추어져 있음도 확실합니다. 이 모든 것 안에 우리를 지탱해 주는 성도의 사귐이 있습니다. 이 모든 것에 대해 하나님은 예수 그리스도 안에서 "예"와 "아멘"이라고 말씀하셨습니다. 이러한 "예"와 "아멘"의 확고한 기반 위에 우리는 서 있습니다.

이렇게 혼란스러운 시기에는 도대체 사는 것이 무슨 가치가 있는지, 때때로 그 이유를 시야에서 놓쳐 버리기 쉽습니다. 그리고 이 사람이나 저 사람이 살고 있으니 우리도 살아갈 의미가 있는 것이라고 생각합니다.

그러나 진실은 이러합니다. 우리가 사는 땅은 예수 그리스도께서 인간의 몸을 입고 오심으로써 존귀하게 되었고, 어떤 사람이 예수 그리스도처럼 살아간다면 오직 그때에만 삶의 의미를 발견할 수 있습니다. 예수님이 이 세상에서 친히 살지 않으셨다면, 우리 인생은 우리가 알고 존경하며 사랑하는 그 모든 사람의 치열한 삶에도 불구하고 아무 의미가 없습니다.

그리스도인은 자신의 구원과 의를 자기 자신에게서 찾지 않고, 오직 예수 그리스도에게서 찾는 사람입니다. 그는 자신의 죄를 전혀 느끼지 못할 때도, 하나님의 말씀이 예수 그리스도 안에서 죄 있다고 선언하고 있음을 알고 있습니다. 또한 자기 자신은 의를 전혀 느낄 수 없더라도, 하나님의 말씀이 예수 그리스도 안에서 죄가 없으며 의롭다고 선언하고 있음도 알고 있습니다. 그리스도인은 더는 자기 자신을 근거로 살지 않으며, 자신을 정죄하거나 정당화하지 않고 하나님의 심판과 하나님의 의를 기초로 살아갑니다. 그는 자신에게 주시는 하나님의 말씀에 기초하여, 자신을 죄 있다고 하시든 의롭다고 하시든, 오직 하나님의 판단에 믿음으로 복종하여 살아갑니다.

그리스도인은 자신에게 주시는 하나님의 말씀에 의지하여 사는 사람입니다. 그리스도인은 예수 그리스도 안에서 전적으로 하나님 말씀의 진리에 의해 살아갑니다. 그는 할 수만 있다면, 오직 말씀만 바라볼 것입니다. 날마다 그는 의에 주리고 목마르므로, 끊임없이 구원의 말씀을 갈망할 것입니다. 그 구원의 말씀은 오직 바깥에서만 올 수 있습니다. 자기 자신 안에서 그는 가련하며 죽은 자입니다. 도움은 바깥에서 와야 하며, 우리에게 구원과 의, 순전함과 복락을 가져오는 예수 그리스도의 말씀 안에서 그 도움은 주어졌습니다. 또한 그 도움은 날마다 새롭게 주어집니다.

그런데 하나님께서는 이 말씀을 다른 사람의 입에 넣어 주셨습니다. 이런 방식으로 하나님의 말씀이 사람들에게 전파되도록 하셨습니다. 만약 누군가 그 말씀에 사로잡히면, 그는 또다른 사람에게 말씀을 전해 주는 사람이 됩니다. 하나님은 우리가 그분의 살아 있는 말씀을 형제의 증거와 사람의 입에서 찾고 발견하기를 원하셨습니다. 그러므로 그리스도인은 자신에게 하나님의 말씀을 말해 줄 다른 그리스도인을 필요로 합니다. 그가 회의와 절망에 빠질 때마다, 그는 다른 그리스도인을 필요로 합니다. 진리를 기만하지 않고서야 자기 힘으로 자신을 돕는다는 것은 불가능하기 때문입니다. 그는 거룩한 구원의 말씀을 담아서 전해 줄 형제를 필요로 합니다. 그는 오직 예수 그리스도 때문에 형제를 필요로 합니다. 우리 마음속에 계시는 그리스도는 형제의 말씀 속에 계신 그리스도보다 약합니다. 우리 마음속에 계시는 그리스도는 불확실하지만, 형제의 말씀 속에 계시는 그리스도는 확실합니다. 이로써 모든 그리스도인이 사귐을 갖는 목적이 분명해졌습니다. 그들은 서로 구원의 메시지를 전하는 자로서 만나는 것입니다. 구원의 메시지를 서로 전하는 자로서 우리를, 하나님께서는 함께 모이게 하시고 성도의 교제를 나누게 하십니다.

고난⁸

자유로운 판단을 기초로
자신의 행동에 대한 책임을 지고 고난받는 것에 비하면
인간의 명령에 복종하면서
고난받는 것은 지극히 쉬운 일입니다.

고독하게 고난받는 것에 비하면
연대하여 고난받는 것은 지극히 쉬운 일입니다.

홀로 잊혀져서 치욕을 당하며 고난받는 것에 비하면
공개적으로 명예롭게 고난받는 것은 지극히 쉬운 일입니다.

영혼을 걸고 고난받는 것에 비하면
목숨을 걸고 고난받는 것은 지극히 쉬운 일입니다.

그리스도는 자유로운 판단으로
고독하게
잊혀진 채
홀로 치욕을 당하며
몸과 영혼을 다 걸고 고난받으셨습니다.
그 이후 수많은 그리스도인들이
그분과 함께 고난받았습니다.

계명에 대한 두 가지 태도가 있습니다. 행동이 따르는 조건 없고 맹목적인 순종과 "하나님이 정말 그렇게 말씀하시더냐?"라고 묻는 위선적인 뱀의 질문이 그것입니다. 이러한 질문은 순종의 철천지원수이며, 그런 까닭에 모든 참된 평화의 철천지원수이기도 합니다.

안전을 추구하는 길에는 평화로 가는 길이 없습니다. 평화는 위험을 감수해야 하는 엄청난 모험이며, 결코 안전을 약속하지 않습니다. 평화는 안전의 반대말입니다. 안전을 구축한다는 말에는 이미 불신이 깃들어 있으며, 이러한 불신은 거듭 전쟁의 불씨가 됩니다.

안전은 자기 자신을 보호하기를 원하지만, 평화는 하나님의 계명에 온전히 자신을 내맡긴 채 전능하신 하나님에 대한 믿음과 순종으로 모든 민족의 역사를 그분 손에 의탁할 뿐, 안전을 구하거나 사사로운 유익을 위해 이용하려 들지 않습니다.

우리는 무기가 아니라 하나님과 더불어 전쟁에서 승리합니다. 비록 그 길이 십자가로 인도할지라도 그것은 승리의 길입니다.

"주의 인자가 생명보다 나으므로……"(시 63:3).

하나님이 우리에게 주신 재물을 그분의 인자하심이라 여긴다면, 우리는 그 재물을 형제에 대한 책임으로 이해해야 합니다. 그 누구도 하나님이 자신에게 재물의 복을 주셨다고 말하면서, 이 세상에 선하신 하나님과 자기만 존재하는 듯한 자세로 살아서는 안 됩니다. 만약 그렇게 산다면, 그가 행복이라는 우상과 자신의 이기심을 경배하며 살았음을 뼈저리게 후회할 날이 올 것입니다. 우리의 소유는 행복도 하나님의 인자하심도 아닙니다. 우리의 소유는 책임입니다.

하나님께 책임을 부여받은 사람은 자신이 두 세계 사이에 세워졌음을 깨달아야 합니다. 즉, 그는 하나님의 세계와 이웃의 세계 사이에 서 있습니다.

여기서 사랑에 빠진 사람이 상대방의 사랑을 얻기 위해 자기 소유나 행복, 심지어 생명까지도 기쁘게 버릴 수 있다는 사실에 주목하십시오. 그는 사랑을 얻기 위해서라면 어떠한 대가도 기꺼이 치를 각오가 되어 있습니다. 그런데 왜 연인들의 사랑은 저토록 생생하게 살아 있고, 우리의 사랑은 이토록 죽어 있고 황량할까요? 왜 연인들의 사랑은 저렇게 활활 타오르는데, 우리 그리스도인의 사랑은 시작하자마자 꺼져 버리는 것일까요? 이것이 과연 그리스도인의 삶이라고 할 수 있을까요? 도대체 누가 예수 그리스도의 삶을 우리 눈앞에 이렇게 그려 주었습니까?

그 이유는 우리가 더 이상 하나님을 알지 못하기 때문입니다. 우리가 더 이상 하나님을 찾지 않기 때문입니다. 하나님이 우리 인생의 처음이자 마지막임을 알지 못하기 때문입니다. 영원한 심판자로서 우리 위에 계신 하나님을 의식하지 않고 사는 삶이 얼마나 정신 나간 것인지 알지 못하기 때문입니다. 하나님의 사랑을 예수 그리스도의 삶을 통해 조명하지 않고, 그 사랑 안에서 새로운 삶의 도전을 받아들이려 하지 않기 때문입니다. 자기 자신에게 매여 자기 뜻대로 살아가려고 하기 때문입니다. 오직 하나님만이 우리를 책임지실 수 있음을 믿지 않기 때문입니다. 비록 우리 삶이 겉보기에는 산산이 부서질지라도, 하나님이 우리 삶에 영원한 의미를 부여할 수 있음을 믿지 않기 때문입니다. 우리가 하나님의 유일하신 영광과 사랑을 침범하고, 하나님 앞에서 죄를 지었기 때문입니다. 하나님은 그분의 사랑이 우리에게 얼마만한 가치가 있느냐고 물으시지만, 우리는 어쨌거나 우리 자신의 사랑에 미치지 못한다고 대답합니다. 이렇게 우리는 하나님의 선하심과 인자하심을 우리 삶에서 밀쳐내 버립니다.

그러나 이제 가장 큰 기적, 세상에 알려진 그 어떤 것보다 놀라운 기적이 일어납니다. 우리는 하나님에게서 떨어져 나와 하나님에 대해 죽었습니다. 우리의 죄로 인해 하나님의 사랑을 도무지 받아들이지 못하는 상태가 되었습니다. 그런데 바로 거기서도 하나님의 인자하심은 여전히 우리를 뒤따르고 있다는 사실입니다. 우리의 모든 죄를 초월하여, 우리의 모든 삶을 초월하여, 예수 그리스도 안에서 하나님의 영원하신 약속이 새롭게 계시되고 있다는 사실입니다. 죄의 깊은 어둠 속에서, 신실치 못하며 하나님과 원수 되어 살아가던 사람이 모든 것을 용서하시는 하나님의 사랑을 만나게 된다는 사실입니다. 모든 비참함 너머 하나님의 영원한 세계로 인도하시는, 결코 멈추지 않는 사랑의 만지심을 느끼는 것입니다. 그때 그는 하나님의 인자하심이 무엇인지를 참되고 온전하게 알게 되는 것입니다.

우리는 분명 생명을 빼앗기지 않으며, 다만 책임 가운데 머무는 것입니다. 그리고 하나님은 늘 새롭게 물으십니다. "나의 사랑은 네게 어떤 가치가 있느냐?" 우리가 하나님의 인자하심을 점점 더 깊이 알아갈수록, 우리의 대답은 점점 더 살아 있고 생동감이 넘칠 것입니다. 하나님의 인자하심은 늘 새롭게 우리에게 책임을 부여할 것이며, 죄로 인해 우리는 주님 앞으로 나아가게 될 것입니다.[11]

도무지 이해할 수 없는 일들이 일어날 때, 마음으로 수긍하며 받아들이는 것은 쉬운 일이 아닙니다. 그러면 모든 것이 눈먼 우연일 뿐이라고 생각해 버릴 위험이 있습니다. 이런 생각에 사로잡히면, 마음에 불신과 쓴 뿌리가 돋아납니다. 그러면 우리 삶과 인생길, 우리에게 일어나는 일들이 마치 사람의 손에 의해 좌지우지되는 것처럼 여기는 유치한 생각에 빠져들기 쉽습니다.

이렇게 모든 것이 우리를 괴롭히며 더는 저항할 힘조차 없을 때, 성탄 메시지는 때를 놓치지 않고 우리 생각이 틀렸다고 말해 줍니다. 우리 눈에 악하고 어둡게만 보이는 것이 실상은 선하고 환한 빛이라고 말해 줍니다. 그 모든 것은 하나님으로부터 왔기 때문입니다. 단지 우리 눈이 잘못 인식하고 있을 뿐입니다.

하나님은 구유에 계시며
가난함 속에 부요함이,
어두운 밤에 빛이,
버려짐 속에 도움이 있습니다.

우리에게는 아무 악한 일도 일어나지 않습니다. 사람들이 우리 인생을 힘들게 하는 것처럼 보일지라도, 결국 하나님의 은밀한 사랑이었음이 드러나게 될 것입니다. 그리고 그 모든 것을 통해 이 세상과 우리 인생을 다스리시는 하나님을 섬기게 될 뿐입니다.

우리는 타인과의 관계에서 그 사람에 대해 나쁜 생각만 품지 않는다면 이미 용서한 것이나 마찬가지라고 여기며 너무 가볍게 생각하는 경향이 있습니다. 그러고는 그 사람에 대해 좋은 생각을 품고 있지 않다는 사실에 대해서는 전혀 개의치 않습니다.

그러나 용서란 그 사람에 대해 순전히 좋은 생각만을 품으며, 온 힘을 다해 그를 참고 감당해 주는 것입니다. 바로 이 부분에서 우리는 적당히 우회해 버리기를 잘합니다. 우리는 타인을 참고 감당해 주는 대신, 그 사람 옆에 나란히 서 있으면서도 그의 침묵에 익숙해집니다. 그의 존재 자체에 무관심해집니다.

그러나 용서란 참고 감당하는 것입니다. 누군가를 모든 면에서 참고 감당하는 것은 그의 까다로운 성격과 불쾌한 모습, 내게 행한 잘못이나 죄도 포함해 끝까지 포기하거나 외면하지 않고 잠잠히 참고 감당하며 사랑하는 것입니다. 그럴 때 비로소 용서라고 말할 수 있을 것입니다.

용서의 복[13]

예수님은 베드로를 향해 "일곱 번뿐 아니라 일곱 번을 일흔 번 까지라도 용서할지니라"(마 18:22)고 말씀하셨습니다. 예수님 은 그 방법만이 베드로에게 참으로 도움이 된다는 사실을 아셨 습니다.

"세지 마라, 베드로야. 횟수를 정하지 말고 용서하거라. '얼마 나 많이'라는 질문으로 스스로를 괴롭히지 말거라. 끝없이, 끝 없이 용서하거라. 이것이 용서이며 은혜란다. 그렇게 할 때 너는 참으로 자유로워진단다! 네가 한 번, 두 번, 세 번, 이렇게 횟수 를 세면 셀수록 문제는 더 불거지고, 관계는 더 고통스러워진단 다. 네가 횟수를 세고 있는 동안 다른 사람이 이전에 지은 죄까 지 끊임없이 기억하고 계산에 넣게 된단다. 그러면 너 자신이 진 심으로 용서하지 못하고 있다는 사실을 깨닫는 것조차 불가능 해지고 만단다. 베드로야, 횟수를 세는 것에서 자유하거라. 관 대하게 용서한다는 것은 몇 번이나 용서했는지, 언제까지 용서 해야 하는지 생각하지 않는 것이란다. 너의 권리를 잃어버릴까 봐 근심하며 괴로워할 필요가 없단다. 네 권리는 하나님이 소중 하게 지키고 보호해 주실 테니, 다만 끝없이 용서하거라!"

용서는 시작도 끝도 없이 날마다 끊임없이 이루어지는 것입니 다. 용서가 하나님께로부터 오기 때문입니다. 용서는 더불어 살아가는 삶에서, 이웃과의 모든 부자연스러운 관계를 자유롭게 하는 원동력입니다. 우리는 용서함으로써 자기 자신으로부터 자유로워질 수 있습니다. 우리는 용서함으로써 자기 자신의 권리를 포기하고, 오직 다른 사람을 돕고 섬길 수 있습니다.

우리는 더 이상 예민하게 반응할 필요가 없습니다. 우리의 명예가 손상되지나 않을까 염려하며 마음을 쓸 필요도 없습니다. 다른 사람이 우리에게 반복하여 불의를 행할지라도 더는 격분할 필요가 없습니다. 다른 사람을 끊임없이 판단할 필요도 없습니다. 우리는 다만 있는 모습 그대로 상대방을 품어 주고, 아무 조건 없이 모든 것에 대해 끊임없이 용서하기만 하면 됩니다.

우리가 이웃과 이런 평화를 누리며 살 수 있고, 그 누구도 그 무엇도 우리가 누리는 평화를 깨뜨릴 수 없다는 사실은 진정 엄청난 은혜가 아닐까요? 우리가 소중히 여기는 우정이나 명예, 형제애가 확고하고 영속하는 토대 위에 견고하게 서기 위해 꼭 필요한 평화는 용서함으로써 가능한 것입니다.

용서의 기쁨[14]

예수님이 베드로에게 용서에 대한 가르침을 주신 목적이 무엇일까요? 예수님은 참으로 기쁘고 영광스러운 것을 말해 주고 싶으셨던 것입니다. 그뿐만 아니라, 그 기쁨과 영광을 선사하기를 원하셨던 것입니다. 예수님은 베드로에게 복잡한 인간관계로 인한 고통에서 벗어나 자유를 누리는 비밀을 가르쳐 주고자 하셨습니다. "서로 용서하며 살아라" 하고 예수님은 말씀하셨습니다. 이 말씀은 우리 모두에게 참으로 기쁜 소식이 아닐 수 없습니다.

그런데 예수님이 우리에게 유익하도록 주신 소중한 선물이 도리어 우리로 하여금 몹시 암담하게 합니까? "예수님은 우리가 도저히 지킬 수 없고 감당할 수 없는 것을 말씀하고 계셔! 그런 말씀은 도움이 되기보다 짐이 될 뿐이야. 누가 형제의 모든 것을 용서하고 감당해 줄 수 있겠어?" 이런 생각이 들면 우리 마음은 불평으로 가득 차게 됩니다. "아니, 난 그렇게 하지 않을 거야. 난 그렇게 못해. 그 사람은 용서받을 자격이 없어." 우리가 이런 말을 한다면, 예수님은 진노하십니다. 우리는 예수님께 얼마든지 도움을 구할 수 있습니다. 그러나 우리가 도움을 거절하고, "그건 도움이 아니야"라고 말하는 것은 원치 않으십니다. "용서할 수 없다고? 용서하지 않겠다고? 그 사람이 용서받을 자격이 없다고? 그런 말을 하는 너는 도대체 누구냐?"

예수님은 크게 진노하시며, 셈하러 온 종에 관한 무시무시한 이야기를 들려주셨습니다(마 25:14-30). 그는 긍휼을 입었음에도 무자비한 사람으로 머물러 있었습니다. 결국 그는 받은 긍휼을 빼앗기고, 하나님의 무서운 진노를 사고 말았습니다. 예수님은 이 이야기를 들려주심으로써 우리에게 가장 큰 도움을 베푸셨습니다. 이를 통해 참된 용서의 길을 보여주셨습니다. 그러므로 이제 우리는 그 이야기가 주는 메시지를 이해하기를 원합니다.

우리 인생에서 하나님의 심판대 앞에 서 있던 순간을 떠올려 봅시다. 구원의 소망이라고는 전혀 없던 그 순간을 떠올려 봅시다. 그때 우리는 생명을 잃는 것 외에는 달리 아무 방법이 없었습니다. 하나님은 우리에게 최종 결산서를 요구하셨는데, 우리에게 남은 것은 죄뿐이었습니다. 그것도 도저히 변상할 길이 없는 어마어마하게 큰 죄뿐이었습니다. 우리 삶은 죄로 얼룩지고 더러웠습니다. 우리는 하나님 앞에 범죄자였습니다. 우리는 죄 외에는 아무것도, 정말이지 아무것도 내세울 것이 없었습니다. 한마디로 죄의 빚더미 위에 앉아 있었습니다. 소망이 없었으며, 아무리 둘러보아도 구원의 길은 보이지 않았습니다. 아무리 찾으려 해도 도움의 손길은커녕, 완전히 홀로 버려진 상태였습니다. 우리 앞에 보이는 것이라곤 오로지 죄에 대한 형벌뿐이었습니다. 정의를 실현하는 심판이 기다리고 있을 뿐이었습니다. 하나님 앞에 우리는 똑바로 설 수도 없었습니다. 주 하나님 앞에 우리는 절망한 채 주저앉아 구걸할 뿐이었습니다. "주님, 제게 참으소서!" 저 셈하러 온 종처럼 우리 입에서 허다한 말들이 쏟아져 나왔습니다. 우리는 "다 갚겠습니다"라며 호소했습니다.

그러나 우리는 그 빚을 도무지 갚을 수 없다는 사실을 잘 알고 있었습니다.

그런데 갑자기 모든 것이 변했습니다. 하나님의 얼굴에서 더 이상 진노의 흔적이라곤 찾아볼 수 없었습니다. 그분의 얼굴에는 우리 인간을 향한 가슴 터질 듯한 아픔과 긍휼이 보일 뿐이었습니다. 하나님은 우리의 죄로 인한 빚을 모두 탕감해 주셨습니다. 용서해 주셨습니다. 우리에게 자유가 주어졌습니다. 두려움은 말끔히 사라지고 기쁨이 찾아왔습니다. 우리는 하나님의 얼굴을 바라볼 수 있었고, 감사할 수 있게 되었습니다.

셈하러 온 종의 모습은 바로 죄사함을 받기 전 우리의 모습이었습니다. 우리는 얼마나 잊어버리기를 잘하는지요! 이렇게 큰 은혜를 받고서도, 돌아서기만 하면 우리에게 작은 잘못을 저지른 사람, 우리를 속이고 비방한 사람의 멱살을 잡고 말합니다. "넌 네 죗값을 치러야 해! 난 너를 결코 용서할 수 없어!" 이런 상황에서 우리는 이렇게 말해야 옳지 않을까요? "이 사람이 내게 행한 잘못은 내가 하나님을 거역하며 지은 죄에 비하면 아무것도 아니야. 정말이지 비교도 할 수 없어." 우리 죄가 상대방의 죄보다 훨씬 심각한데, 어떻게 감히 다른 사람을 정죄하는 자리에 설 수 있겠습니까?

이제 은혜는 바닥이 드러났고, 그 결과 과거의 죄가 모조리 살아났습니다. 그러면 진노가 다시 우리에게로 돌아옵니다. 우리는 다시금 죄 가운데 잃어버린 사람이 되고 맙니다. 우리가 은혜를 멸시한 까닭입니다. 이것이 이 이야기가 우리에게 주는 교훈의 전부입니다. "너는 타인의 죄는 보면서도, 너 자신의 죄는 깨닫지 못하는구나. 회개하면서 너를 향하신 하나님의 긍휼을 깨달아 알도록 해라. 그럴 때만 너는 용서할 수 있단다."

우리가 어떻게 서로 모든 죄를 마음으로부터 용서하며 살아갈 수 있을까요? 사랑하는 형제들이여, 하나님이 우리를 얼마나 엄청난 죄에서 건져 내고 용서하셨는지 체험해 본 사람이라면, 정죄하며 복수하려는 생각을 품지 않을 것입니다. 그 고통의 시간에 하나님이 우리 죄를 고백할 수 있도록 형제를 보내 주셨다는 사실을 아는 사람이라면, 완강하게 도움을 거절하는 죄 범한 자를 도우려고 감당한 치열한 영적 싸움을 아는 사람이라면, 그럼에도 하나님의 이름으로 그 형제의 죄에 대해 용서를 선포하고 그가 죄사함의 은혜를 덧입기까지 기도하며 도운 적이 있는 사람이라면, 정죄하며 복수하려는 생각을 품지 않을 것입니다. 그 사람은 오직 한 가지를 생각할 뿐인데, 아무 조건이나 자격을 따지지 않고 형제가 당하는 고난을 함께 짊어지며, 끝까지 섬기고 돕고 용서하는 것입니다. 그는 죄지은 형제를 더 이상 미워할 수 없습니다. 오히려 형제를 더욱 사랑하며 모든 것을 용서할 뿐입니다. 정말이지 모든 것을 용서합니다. 주 하나님, 우리로 당신의 긍휼을 경험하게 하시고, 끝없이 긍휼을 실천하는 삶을 살게 하소서! 아멘.

겸손 15

스스로 지혜롭게 여기지 않고 자신을 낮추는 것은 자신이 죄인 중에 괴수임을 인정하는 것을 의미합니다. 이것은 일반 사람뿐 아니라, 자부심이 강한 그리스도인의 저항도 불러일으킵니다. 이 말이 너무 과장되고 진실이 아닌 것처럼 들리는 것도 사실입니다. 그러나 사도 바울도 자신이 죄인 중에 괴수라고 말했습니다(딤전 1:15). 자신을 이러한 깊이까지 인도하지 않는 죄 인식은 참된 죄 인식이라 할 수 없습니다.

나의 죄가 다른 사람의 죄에 비해 더 작아 보이거나 덜 사악해 보인다면, 내가 나의 죄를 전혀 깨닫지 못하는 것이라고밖에 말할 수 없습니다. 내 죄는 필연적으로 가장 크고, 가장 무거우며, 가장 사악한 죄입니다. 왜냐하면 형제 사랑이 타인의 죄는 얼마든지 덮어 줄 수 있게 하지만, 자신의 죄에 대해서는 추호의 변명도 하지 못하게 만들기 때문입니다. 그러므로 내 죄가 가장 크고 무거운 죄일 수밖에 없습니다.

공동체 안에서 형제를 섬기려는 사람은 모름지기 이러한 겸손의 깊이까지 내려가야 합니다. 다른 사람의 죄가 내 죄보다 심각하고 훨씬 더 무거워 보인다면, 어떻게 거짓이 아닌 겸손으로 섬길 수 있겠습니까? 어떻게 자신을 그 사람보다 높이지 않으면서 그에 대한 희망을 품을 수 있겠습니까?

하나님께서는 우리가 만들고 싶은 그런 모습으로 타인을 창조하지 않으셨습니다. 그분이 우리에게 형제를 주신 것은 그를 지배하도록 하기 위함이 아니라, 형제 너머에 계신 창조주를 발견하도록 하기 위함입니다. 그렇게 되면 이전에 나를 성가시게 하고 괴롭게 하던 사람이 이제 그의 피조물 된 자유 속에서 기쁨의 이유로 변할 것입니다.

하나님은 내게 좋아 보이는 모습으로, 곧 나 자신의 형상대로 타인을 뜯어고치는 것을 원치 않으십니다. 하나님은 타인을 내게서 자유로운 사람으로, 하나님 자신의 형상을 따라 지으셨습니다. 타인에게 하나님의 형상이 어떠한 모습으로 나타날지, 아무도 미리 예견할 수 없습니다. 그러나 그 모습은 분명 아주 새로우면서도 오직 하나님의 자유로운 창조로 말미암은 모습일 것입니다. 그 모습은 내게 낯설고, 어쩌면 경건하지 않은 모습으로 나타날지도 모릅니다.

그러나 하나님은 타인을 십자가에 못 박히신 그분 아들의 형상대로 창조하셨고, 내가 깨닫기 전에는 그분의 모습도 참으로 낯설고 경건하지 않아 보였습니다.

감사는 사람의 마음에서 자연스럽게 흘러나오는 것이 아니라, 하나님의 말씀을 통해 생겨납니다. 그러므로 감사는 배워야 하고 연습해야 합니다.

예수 그리스도, 그리고 그분 안에 속한 모든 것이 모든 감사의 처음이자 마지막 이유입니다. 예수님은 하늘로부터 오신 선물이며, 아무도 우리에게서 그 선물을 빼앗아 갈 수 없습니다. 그 선물 안에서 하나님의 사랑은 실체가 되어 우리와 만나고 있습니다. 우리는 오직 예수 그리스도 안에서 하나님께 감사할 수 있습니다(롬 7:25). 예수 그리스도 안에서 하나님은 모든 것을 우리에게 주십니다(롬 8:32).

감사는 선물을 넘어 그것을 선사하는 분을 찾아 나서며, 그분에 대한 사랑을 싹틔웁니다. 감사가 하나님의 사랑에 부딪칠 때 비로소 그 목적에 도달한 것입니다. 그럴 때 감사는 하나님과 사람에 대한 사랑의 원천이 됩니다.

감사하는 자는 너무도 겸손하여 무엇이든 기꺼이 받으며, 교만한 자는 자기에게 건네진 것만 받습니다. 그는 선물을 받기를 주저합니다. 그는 값없이 주어지는 선함보다 자기가 초래한 벌을 받는 것이 더 낫다고 여깁니다. 그는 은혜로 살기보다 차라리 자기 힘으로 망하는 길을 택합니다. 그는 하나님의 사랑이 선인과 악인 모두에게 햇빛을 비추어 주신다는 사실을 거부합니다. 감사하는 자는 법으로 따진다면 자신에게 선한 것이 주어질 수 없음을 알기에, 하나님의 인자하심이 함께하신다는 사실에 대해 기뻐합니다. 그리고 값없이 주어지는 하나님의 선하심으로 인해 더욱 겸손해집니다.

감사하는 자에게는 모든 것이 선물로 변하는데, 자신의 노력으로 얻은 것이라곤 애초에 없다는 사실을 알기 때문입니다. 그러므로 그는 일한 대가와 값없이 주어진 것, 자신이 획득한 것과 거저 받은 것을 구별하지 않습니다. 그의 눈에는 자신의 힘으로 획득한 것도 거저 받은 것이나 마찬가지며, 노력한 대가일지라도 값없이 주어지는 선물로 보이는 까닭입니다.

감사 속에서 각각의 선물은 감사제물로 화하여 선물의 근원이신 하나님께로 돌아갑니다.

내가 무엇에 대해 하나님께 감사할 수 있다면, 그것은 선합니다. 내가 무엇에 대해 하나님께 감사할 수 없다면, 그것은 악합니다. 내가 하나님께 감사할 수 있거나 없거나를 결정하는 것은 예수 그리스도와 그분의 말씀입니다. 예수 그리스도가 감사의 경계선입니다. 또한 예수 그리스도가 감사의 충만이기에, 그분 안에서 감사는 끝이 없습니다. 감사는 모든 창조 세계에 주어진 모든 것을 포괄합니다. 그뿐만 아니라 감사는 고통과 고난도 포함합니다. 감사는 가장 깊은 어둠 속으로 뚫고 들어가서, 거기서도 예수 그리스도 안에 있는 하나님의 사랑을 발견합니다. 감사하는 것은 하나님이 주신 것에 대해 "언제나 그리고 모든 것을"(엡 5:20) "예"라고 말하는 것을 의미합니다. 심지어 감사는 지난 과거의 죄까지도 포함해서, 그 죄에 대해 "예"라고 긍정하는 것입니다. 그 죄로 인해 하나님의 은혜가 계시되었기 때문입니다. 오, 복된 죄여!(O felix culpa,[18] 롬 6:17).

나의 과거에 대한 올바른 태도는 감사 안에서 얻어집니다. 감사 안에서 과거는 현재를 풍성하게 합니다. 감사가 없다면 나의 과거는 어둠 속으로, 수수께끼 속으로, 허무 속으로 가라앉아 버립니다. 나의 과거를 잃어버리지 않고, 과거를 전혀 새롭게 다시 얻기 위해 후회의 자리에 감사가 놓여야 합니다. 감사와 참회 속에서 나의 삶은 하나로 일치하게 됩니다.

감사는 오직 정직한 회개와 형제 사랑과 더불어 존속할 수 있습니다. 여기서 형제 사랑이란 내가 아무 공로 없이 선사받은 것들을 받아 누리지 못하는 형제에 대한 사랑을 말합니다. 회개와 사랑이 없다면, 나의 감사는 저주받은 바리새인의 감사가 될 것입니다.

아무 공로 없이 선사받은 것을 가지고 하나님과 사람 앞에서 자기 자랑거리로 만든다면 그 역시 저주받은 바리새인의 감사입니다(눅 18:9 이하). 그것은 하나님의 은혜를 훔치는 행위이며, 나의 이웃을 멸시하는 행위이기 때문입니다. 그가 서둘러 하나님께 감사드리고자 열심을 내는 까닭은, 단지 자신의 이웃으로부터 멀리 떨어져서 모든 자기 자랑을 늘어놓기 위해서일 뿐입니다. 그러한 바리새인의 감사는 감사하지 않는 것의 종교적인 형태에 불과합니다.

부유한 자가 가난한 자의 식탁이 텅 빈 것을 보고서도 그대로 내버려둔 채, 자신이 가진 것에 대해 하나님이 베푸신 복이라며 감사하는 것은 저주받은 바리새인의 감사입니다.

내가 하나님의 사랑을 경험하며 그에 대해 감사하면서도 사회적 약자에 대한 책임을 다하지 않는 것은 저주받은 바리새인의 감사입니다. 그것은 가난한 자를 지으신 하나님을 멸시하는 행위입니다(잠 14:31).

하나님의 말씀은 내게 주신 것에 대한 감사가 정직한 회심과 실천하는 사랑으로 변할 때까지 쉬지 않고 나를 고소합니다. 그러나 회심과 사랑의 실천이 이루어지면, 하나님의 말씀은 악하고 곤궁한 세상 한가운데서 감사할 수 있는 자유로운 양심을 선사합니다.

두려움과 곤경에 처한 열 명의 문둥병자들이 소리쳤습니다. "예수님, 사랑하는 주님!" 그러나 열 명 중 한 사람만 돌아와서 자신이 경험한 구원에 대해 감사했습니다. 그런데 그 한 사람은 사마리아인이었습니다(눅 17:11 이하). 많은 사람들이 고통과 위험 속에서 "사랑하는" 하나님께 부르짖습니다. 우리가 생각하는 것보다 훨씬 더 많은 사람들이 그렇게 합니다. 그러나 병이 나은 후 열 명 중 아홉은 더 이상 하나님을 그다지 사랑하지 않습니다. 그들에게는 병고침이 모든 것이었고, 구주 예수님은 아무것도 아니었습니다. 예수님이 물으십니다. "아홉은 어디 있느냐?" 예수님이 감사를 중요하게 보시는 이유는 그분 자신을 위해서가 아니라 그들을 위해서입니다.

감사하지 않는 것은 믿음을 질식시키고, 하나님께로 가는 통로를 막아 버리기 때문입니다. 예수님은 오직 감사하는 사마리아인을 향해 말씀하셨습니다. "네 믿음이 너를 구원하였다." 감사하지 않은 자들은 병고침을 받았음에도 불구하고, 실상은 구원을 받지 못했습니다.

이방인의 죄의 뿌리는 하나님이 계심을 알면서도 "하나님께 감사하지 않는 것"(롬 1:21)입니다. 하나님이 하나님으로 인정되는 곳이라면, 하나님은 가장 먼저 그분이 창조하신 피조물의 감사를 원하십니다.

감사하지 않는 것은 망각과 더불어 시작됩니다. 망각은 무관심을 초래합니다. 무관심은 불만을 초래합니다. 불만은 절망을 초래합니다. 그리고 절망은 저주를 초래합니다.

하나님은 감사하는 자에게 구원에 이르는 길을 보여주십니다. 당신의 마음이 감사하지 아니함으로 인해 그토록 불평불만으로 가득하고, 그토록 게으르며, 그토록 지치고, 그토록 절망하지 않았는지 스스로 물어보십시오. "감사로 제사를 드리는 자가 나를 영화롭게 하나니 그의 행위를 옳게 하는 자에게 내가 하나님의 구원을 보이리라"(시 50:23).

감사는 믿음의 다른 표현입니다. 하나님이 어느 순간 숨어 버리신 듯 보일지라도 믿음이 흔들리지 않고 눈물 속에서도 기뻐할 수 있는 것은, 구원자이신 그리스도를 알고 인생의 기초를 온전히 그리스도 안에 두고서 복음의 기쁜 소식을 굳게 붙드는 까닭입니다.

감사는 부유하게 하며 힘 있게 합니다. 감사할 때 우리는 무엇이든 받을 준비가 되어 있습니다. 우리가 감사하는 사람이라면, 우리 마음속의 빈방을 하나님께 내어 드립니다. 그 빈방에 하나님이 온전히 거하실 수 있도록 하며, 믿음 안에서 하나님을 모시고 그분께 아주 가까이 나아갑니다. 그러면 우리는 부유해지고 강해집니다. 다함이 없는 하나님의 능력이 흘러나와 우리의 전 인생을 변화시켜 주시기 때문입니다.

결국 우리는 그리스도 안에서 하나님을 향해 살며, 환경에 구애받지 않고 항상 쉬지 않고 범사에 기뻐하는 자가 됩니다.

비록 몇 가지 면에서 서로 견해를 달리한다 할지라도, 심지어 상대방에게 오류가 있는 것처럼 보일지라도, 우리는 상대방에게서 배우기를 원합니다. 상대방을 열린 자세로 대하기를 원하며, 오직 그리스도의 지혜와 사랑으로 서로 돕는 자가 되기를 원합니다. 더욱이 지금은 기독교적인 "견해"의 문제가 아니라, 그리스도 편에 서는가, 아니면 그리스도를 반대하는가를 가르는 중요한 시기입니다.

나는 필요하다면 분명한 결단을 해야 한다고 강력히 주장하는 입장입니다. 그러나 지금 우리가 처해 있는 이 중요한 시기에, 참되지도 않으며 필요하지도 않은 결단을 사람들에게 강요하는 일은 결단코 없어야 합니다. 우리가 믿음 위에 견고하게 서도록 도움을 주는 사람이 있을 테지만, 궁극적으로 그리스도인은 각 개인이 성숙한 신앙인이 되어야 합니다.

그리스도인은 자신을 사람 아래 둔다거나 사상 아래 두는 일 없이, 오직 하나님과 그분의 말씀에 순복해야 합니다. 모든 양식이나 스타일은 믿음과는 거리가 먼 것입니다. 나는 그리스도인인 동시에 자유인이기를 원합니다.

이 말로 그리스도를 인간적 요소 없이 전할 수 있다고 주장하는 것은 아닙니다. 그러나 나는 항상 사람들을 그들이 가진 온

전한 자유 속에서 말씀 아래로 인도하고자 애썼으며, 그들을 나에게 묶어 두지 않으려고 노력했습니다. 너무 자주 그 일이 실패할지라도 그렇습니다.

지난 시간 동안 겪은 일들로 인해 힘들어하지 말고, 오직 그리스도 아래 있는 자유로 당신을 인도하는 것만 받아들이고 다른 모든 것은 내버려두십시오. 당신이 나의 설교를 들을 때도 항상 그렇게 하십시오. 혹시라도 내게서 낯선 율법이나 낯선 목소리를 듣게 된다면 말해 주십시오. 우리는 오직 그리스도께만 순종하며 그분께만 속하기를 원합니다.

경건의 시간 [21]

하나님 앞에 잠잠한 그 시간에
우리는 하나님이 말씀하시도록 기다립니다.
어떤 말씀을 하시더라도
그 말씀을 영원히 받아들이겠다는 자세로 듣는 시간입니다.
자신을 변명하려 하지 않고
하나님이 하시는 말씀을 듣고자 하는 시간입니다.
하나님 앞에 잠잠한 그 시간은
아무 일도 하지 않는 것이 아니라,
숨을 들이마시듯 하나님의 뜻 안에서
깊이 호흡하는 것입니다.
온 마음으로 경청하며
들은 말씀에 순종하려는 준비가 되어 있는 것입니다.
그러므로 하나님 앞에 잠잠한 그 시간은
무거운 책임의 시간이며
우리 자신을 진실로 진지하게 돌아보는 시간입니다.
그러나 그 시간은 언제나
하나님의 안식을 경험하는 복된 시간이기도 합니다.

IV. 영원을 말하다

영원¹

하나님은 우리를 이 세상에 두셨습니다. 우리는 언젠가는 사라져 버릴 이 세상 한가운데서 하나님의 뜻을 준행하며 살아가야 합니다. 당신을 기쁘게 하는 것들을 보면서 마음껏 기뻐하십시오. 그러나 마음을 세상에 두지는 마십시오. 우리의 마음은 영원에 속해 있습니다. 우리의 마음은 하나님의 소유입니다. 그러므로 세상이 우리의 마음을 원한다면, 세상과의 전쟁을 선포하십시오. 그러나 세상이 우리의 힘과 도움, 우리의 삶을 원한다면, 힘이 닿는 데까지 헌신적으로 베푸는 삶을 사십시오. 그러면 우리는 사망의 사람에서 영원의 사람으로 변화될 것입니다.

그런데 이 세상 모든 것을 헛된 것으로 여기고 체념하며 살아가는 그리스도인은 염세주의자입니까? 분명 세상에 대해서는 염세주의자일 수 있습니다. 세상에 대해 그렇게 많은 것을 기대하지 않고, 세상 문화를 즐기려고도 하지 않기 때문입니다. 그러나 이 세상에 나타나 있는 하나님의 신성에 대해서는 낙관주의자이며, 하나님이 영원을 선사하셨다는 사실을 알기에 기쁘고 쾌활하게 살아가는 이가 그리스도인입니다. 어쩌면 그 쾌활함 속에는 항상 이 세상의 고통을 들여다보는 데서 오는 약간의 슬픔이 담겨 있을지라도 그렇습니다.

그리스도인이 살아가는 터전은 이 세상입니다. 그는 이 세상에 적응해서 살아가며, 이 세상에서 함께 일하고 영향을 끼치며, 이 세상에서 하나님의 뜻을 행해야 합니다. 그러므로 그리스도인은 풀 죽은 비관론자가 아니라, 세상에 대해 기대하는 것이 적기에 도리어 이 세상 한가운데서 이미 기쁘고 쾌활하게 살아가는 사람입니다. 그리스도인에게 세상은 영원으로 들어가는 씨를 뿌리는 밭이기 때문입니다.

성탄절 2

"한 아기가 우리에게 났고"(사 9:6). 이 말씀은 인간의 영이 스스로 생각해 말할 수 있는 내용이 아닙니다. 내년에 무슨 일이 일어날지도 모르는 우리가 어떻게 수백 년 후에 일어날 일을 이해할 수 있겠습니까? 예언자가 살던 그 시대가 오늘날보다 전망이 더 나은 것도 아니었습니다. 오직 세상의 처음과 마지막을 모두 아우르는 하나님의 영이, 신자들의 믿음을 돕고 비신자들에게 경고하기 위해 택한 사람에게 미래의 비밀을 계시하실 수 있습니다.

수백 년에 걸쳐 조용히 울려 퍼지던 이러한 개별적인 소리는, 여기저기 또 다른 예언자들의 목소리로 나타납니다. 그리고 이제 한밤중에 목자들의 경배로 이어져서(눅 2:15-17), 그리스도를 믿는 교회의 벅찬 환호성으로 터져 나옵니다. "이는 한 아기가 우리에게 났고 한 아들을 우리에게 주신 바 되었는데"(사 9:6).

이 일은 인간의 모든 이해를 초월합니다. 한 아기의 탄생이 모든 일의 위대한 전환점이 되고, 온 인류의 구원을 가져온다는 것입니다. 왕들과 장관들, 철학자들과 예술가들, 종교인들과 도덕 선생들이 헛되이 추구하며 노력해 온 그 일이, 이제 갓난아기의 탄생을 통해 이루어진다는 것입니다. 가장 위대한 인간적인 노력과 성과를 부끄럽게 하려는 듯, 지금 한 아기가 세상 역사의 중심에 세워진 것입니다.

인간의 몸에서 한 아기가 태어났는데, 이는 하나님께서 자기 아들을 주신 것입니다. 이것은 세상 구원의 비밀이며, 모든 과거의 일과 모든 미래의 일을 다 아우르고 있습니다. 전능하신 하나님의 무한한 긍휼이 우리에게 임했으며, 하나님의 아들이 스스로 낮아져 아기의 모습으로 오셨습니다. 한 아기가 우리 가운데 태어났습니다. 하나님의 아들을 우리에게 주셨습니다. 사람의 아들이자 하나님의 아들이 나와 같이 되셨습니다. 내가 그분을 알고, 그분을 얻었으며, 그분을 사랑합니다. 내가 그분의 것이며, 그분이 나의 것입니다. 이제 내 삶은 오직 그분께 달려 있습니다. 우리 삶이 한 아기의 손에 달려 있습니다.

이 아기를 어떻게 만나고 싶습니까? 혹여 우리 손이 일상의 노동으로 너무 거칠고 교만해져서, 아기를 바라보며 경배하는 마음으로 두 손을 모을 수 없게 되지는 않았습니까? 우리 머리는 지나치게 어려운 생각들을 하며 문제를 해결하려 하느라, 아기 탄생의 기적 앞에 겸손히 고개 숙이기에 너무 높아져 있지는 않습니까? 우리의 노력과 성공, 중요한 일들을 완전히 잊어버린 채 들판의 목자들처럼(눅 2:8-20), 동방에서 온 박사들처럼(마 2:1-12) 구유에 누이신 하나님의 아들 앞에 어린아이처럼 경배드릴 수 있겠습니까? 고령의 시므온처럼(눅 2:25-35) 아기를 팔에 안은 순간, 전 인생의 소원이 성취되었음을 알고 감사할 수 있겠습니까?

자부심 넘치는 강철 같은 장정이 아기 앞에 무릎을 꿇고, 순수한 마음으로 아기 속에서 구주를 보며 경배하는 모습은 참으로 기이하게 보일 것입니다. "한 아기가 우리에게 났고 한 아들을 우리에게 주신 바 되었는데." 이것이 바로 우리 그리스도인들이 외치는 구원의 함성입니다. 그러나 스스로 지혜롭다 여기며 자기 경험을 믿고 자기를 신뢰하는 세상은 이러한 외침에 머리를 절레절레 흔들며 비웃을지도 모릅니다.

"그의 어깨에는 정사를 메었고"(사 9:6). 이 말씀은 신생아의 연약한 어깨에 세상을 다스리는 권세가 놓여 있음을 의미합니다. 그러나 지금 우리가 알게 된 또 다른 사실이 있습니다. 그 어깨로 세상의 모든 죄를 짊어지게 되리라는 사실입니다. 십자가에서 세상의 모든 죄와 곤궁을 짊어지게 될 것이라는 사실입니다. 그러나 그의 어깨는 세상 죄에 눌려 무너져 내리지 않으며, 목적지까지 죄를 짊어짐으로써 든든히 서게 될 것입니다. 구유에 누이신 아기의 어깨 위에 놓인 주권자의 권세는 인간과 그들의 죄를 인내하며 감당함으로써 굳게 세워져 가는 것입니다. 이러한 짊어짐은 구유, 곧 하나님의 영원하신 말씀이 인간의 몸을 입고 죄를 짊어지는 그곳에서 시작됩니다. 아기의 비천함과 연약함으로부터 온 세상을 다스리는 권세가 나오는 것입니다.

집주인은 그 집의 주인이라는 표시로 어깨에 열쇠를 메고 다니곤 했습니다. 주인은 자신이 원하는 자를 집으로 들이기도 하고 내쫓기도 합니다. 문을 열어 주기도 하고 닫아 버리기도 하는 권세가 그에게 있음을 보여주는 것입니다. 어깨에 십자가를 짊어지신 분도 이와 같은 방법으로 주권을 행사하십니다. 그분은 죄를 용서하심으로 문을 열어 주시고, 교만한 자를 거절하심으로 문을 닫아 버립니다. 겸손하고 비천한 죄인들은 받아들이지만, 교만하게 우쭐대며 스스로 의인 된 자들은 멸망으로 내던져 버립니다. 이것이 바로 이 아기가 다스리는 방법입니다.

예언자가 탄생을 예언하고, 하늘과 땅이 기쁨으로 환호하는 이 아기는 누구입니까? 그 이름은 우리 입술로 겨우 더듬거리며 말할 수 있을 뿐입니다. 그 이름이 뜻하는 바를 다른 말로 표현해 보려고 시도할 수 있을 뿐입니다. 이 아기가 누구인지 말하려 하면, 우리는 수많은 단어들 속에서 허둥거리게 됩니다. 그렇습니다. 이 아기의 이름을 인간의 입술로 말하려 하면, 우리가 평소 알지 못하던 "기묘자, 모사", "전능하신 하나님", "영존하시는 아버지", "평강의 왕"이라는 기이한 말이 나옵니다. 한 단어 한 단어 속에 무한한 깊이가 있습니다. 이 모든 것을 합해서 오직 하나의 유일한 이름으로 표현하고자 하면 "예수"입니다.

이 사람을 보라!³

이 사람을 보라!(Ecce homo) 이 놀라운 사람을 보십시오! 이 사람 안에서 하나님과 세상이 화목하게 되었습니다. 파괴를 통해서가 아닌 화해를 통해 세상을 이겼습니다. 이상과 강령, 양심과 의무, 책임과 덕행이 아니라, 오직 하나님의 완전한 사랑만이 현실을 마주하고 극복할 능력이 있습니다. 거듭 말하지만, 하나님과 세상을 화목하게 한 것은 보편적인 사랑의 이념이 아니라, 예수 그리스도 안에서 완성된 실제 삶으로 행하신 하나님의 사랑입니다. 세상을 향한 하나님의 사랑은 현실과 괴리되어 고상한 영혼의 세계로 도피해 버리는 사랑이 아닙니다. 세상을 향한 하나님의 사랑은 세상 현실을 극한의 한계까지 경험하고 고통을 감내한 사랑입니다. 예수 그리스도의 몸을 향해 세상은 광분하여 분풀이를 합니다. 그런데 수난과 고통을 당한 바로 그분이 세상 죄를 용서하십니다. 화해는 이렇게 이루어집니다. 이 사람을 보라!

하나님이며 동시에 인간이신 화해자 예수 그리스도의 형상이 하나님과 세상 사이에 등장합니다. 그리스도의 형상이 모든 사건의 중심에 등장합니다. 그분의 형상 안에서 하나님의 비밀이 계시되듯, 거기서 세상의 비밀이 드러납니다. 그리스도를 통해 세상이 하나님과 화목하게 된 자에게는, 어떤 악의 심연도 숨겨져 있을 수 없습니다. 그러나 하나님의 사랑은 끝이 보이지 않는 아득히 깊은 죄악 세상, 철저하게 하나님을 배반하고 대적하는 무신성까지도 껴안는 심원한 사랑입니다. 하나님은 세상에서 의롭고 경건하다는 모든 생각이 도무지 이해할 수 없는 반전의 방식으로, 세상에 대해 그분 자신을 죄 있다고 선언하고 이를 통해 세상의 죄를 없애 버리십니다. 하나님 스스로 겸손히 자신을 낮추는 화해의 길을 가시고, 그렇게 함으로써 세상에 대해 무죄를 선언하십니다. 우리의 죄를 그분 자신이 대신 짊어지십니다. 죄로 인해 우리가 받아야 할 징계와 고난을 그분이 대신 담당하십니다. 하나님이 그분을 배반하고 타락한 무신성의 자리에 대신 서 계십니다. 사랑이 증오의 자리에 대신 서고, 성자가 죄인의 자리에 대신 서 있습니다. 이제는 하나님 자신이 대신 짊어지지 않은 죄, 하나님 자신이 대신 고난당하심으로 값을 치르지 않은 무신성, 증오, 죄는 더 이상 존재하지 않습니다. 이제 하나님과 화해하고 평화를 누리지 못하는 현실이나 세상은 존재하지 않습니다. 이것이 바로 하나님이 사랑하는 아들 예수 그리스도 안에서 행하신 일입니다. 이 사람을 보라!

부활절 4

부활절은 어두움이란 아무것도 아니며 죽음 역시 생명의 한 과정일 뿐이므로, 결국 빛이 승리할 수밖에 없다는 식의 빛과 어두움의 싸움에 관한 이야기가 아닙니다. 부활절은 겨울과 봄의 싸움이라든지, 얼음과 태양의 싸움에 관한 이야기도 아닙니다.

부활절은 하나님의 숭고한 사랑에 대항해 싸우는 죄인들, 더 나은 표현을 들자면, 죄 가운데 있는 인류를 향한 하나님의 숭고한 사랑의 싸움입니다. 성금요일, 그 싸움에서 하나님은 패자가 된 것처럼 보입니다. 그러나 하나님은 패자가 되심으로써, 아니 스스로 패자가 되는 길을 선택하심으로써 부활절에 승리하셨습니다.

부활절은 모든 마지막 날에 일어날 일, 말로는 도저히 표현할 수 없는 영광스러운 그날의 서곡입니다.

이 오순절에 당신과 나를 위해 무슨 소원을 빌어야 할까요?

이 말은 나의 입에서 아주 드물게 나오는 말이지만,

다른 말로는 표현할 수가 없군요.

"이 오순절이 우리 둘에게 복이 되기를!"

복이란 눈으로 볼 수 있고

느낄 수 있으며

실재가 되어 다가오는 하나님의 임재입니다.

복은 다른 사람에게로 흘러가기를 원하며

복을 받은 사람은 그 자신도 복이 됩니다.

우리가 서로에게,

그리고 함께 일하며 중보기도 해야 할 모든 사람에게

그런 복이 되기를 원합니다.

한 사람이 다른 사람에게 복이 되는 것보다 더 위대한 일이

있을까요?

단순히 도움을 준다거나 반려자, 친구가 되는 것이 아니라

복이 되는 것!

복이 된다는 것은 그 모든 것 이상입니다.

새 노래 6

새 노래는 지상의 노래이며
아침 해가 솟아오르듯
하나님의 말씀이 그 가는 길을 밝혀 주는
순례자와 예배자의 노래입니다.
새 노래는 하나님의 자녀로 부름받은
이 땅의 아이들이 부르는 소박한 노래입니다.
새 노래는 황홀감에 빠져
무아지경에서 부르는 노래가 아니라,
하나님의 계시의 말씀을 향해
고요하게 감사하며 기도하는 가운데 드려지는 노래입니다.

새 노래는 마음으로가 아니면
도무지 부를 수 없는 노래입니다.
마음이 그리스도로 충만하게 채워져 있기에
노래하는 것입니다.
말씀에 대한 헌신과
성도의 교제 속으로 들어가는 것,
한없는 겸손과 철저한 자기 훈련이
함께 부르는 모든 공동 찬양의 전제가 됩니다.

지상에서 부르는 우리의 노래는
노래로 부르는 말씀이기도 합니다.

왜 그리스도인은 함께 모이면 찬양을 하는 것일까요?

그 이유는 아주 간단한데, 함께 노래함으로써

같은 시간에 같은 언어로 말하며 기도할 수 있기 때문입니다.

즉, 말씀 안에서 하나가 될 수 있기 때문입니다.

시편의 기도 [7]

우리는 시편에서 그리스도의 기도에 기초해 기도하는 법을
배웁니다. 시편은 위대한 기도의 학교입니다.

첫째, 시편에서 우리는 기도가 무엇인지를 배웁니다. 즉, 하
나님의 말씀을 기초로 기도하며, 하나님의 약속을 근거로
기도하는 법을 배웁니다. 그리스도인의 기도는 계시된 말
씀의 확고한 기초 위에 있는 것이지, 막연하고 이기적인 소
원들과는 아무 관계도 없습니다. 우리는 참 인간이신 예수
그리스도의 기도를 근거로 기도하는 것입니다. 성령이 우리
안에서 기도하신다거나 그리스도께서 우리를 위해 기도하
신다고 할 때, 또 우리가 오직 예수 그리스도의 이름 안에서
만 올바르게 하나님께 기도드릴 수 있다는 성경 말씀이 뜻
하는 바는 모두 이러한 사실을 시사하는 것입니다.

둘째, 시편의 기도에서 우리는 무엇을 기도해야 하는지에
대해 배웁니다. 시편 기도의 폭이 개인의 경험 수준을 훨씬
넘어서는 차원인데도, 각 개인은 믿음 안에서 그리스도의
기도 전부를 드리는 것입니다. 그 기도는 참 인간이시며, 시
편에 담겨 있는 기도를 유일하게 온전히 경험하신 그리스도
의 기도입니다.

그렇다면 우리가 보복 시편도 기도할 수 있다는 말일까요?

죄인 된 우리가 보복 시편에 우리의 악한 생각을 연관 지어 기도드리는 것은 절대 허락되지 않습니다. 그러나 하나님의 모든 보복을 몸소 당하신 그리스도께서 우리 안에 계신다면, 그리스도의 지체로서 우리는 그리스도를 통해 그리스도의 마음으로 보복 시편을 기도할 수 있습니다. 다시 말해, 우리를 대신해 하나님의 보복을 당하신 분, 스스로 하나님의 보복을 당하시며 원수를 용서하신 분, 원수를 자유케 하기 위해 자신이 그 보복을 당하신 분이 우리 안에 계신다면 가능합니다.

우리가 시편 기자들처럼 자신을 무죄하고 경건하며 의로운 사람이라고 말할 수 있을까요? 우리 자신의 모습을 기초로 해서는 그렇게 말할 수 없습니다. 우리의 어그러진 마음에서 나오는 기도로는 결코 그럴 수 없습니다. 그러나 우리는 죄 없고 순결하신 예수 그리스도의 마음에 기초해, 곧 우리로 하여금 믿음으로 참여하게 하시는 그리스도의 무죄하심에 기초해 그렇게 말할 수 있으며, 또 그렇게 말해야 합니다.

우리는 무죄함을 호소하는 시편을 우리를 위한 그리스도의 기도요, 우리에게 주신 선물로서 기도할 수 있으며, 또 그렇게 기도해야 합니다. 우리가 고난의 시편들을 기도하고 또 기도해야만 하는 이유는, 오직 이 모든 고난이 예수 그리스도에게서 실제로 일어났기 때문입니다. 인간 예수 그리스도께서 질병과 고통과 치욕을 겪으셨고, 그의 고난과 죽음 속에서 모든 육체의 고난을 당하고 죽으셨기 때문입니다. 그리스도의 십자가에서 우리에게 일어난 일, 곧 우리 옛사람의 죽음이 우리에게 이러한 기도를 드릴 수 있는 권리를 부여해 줍니다. 그리고 우리가 세례를 받을 때 우리에게 일어나며 또 일어나야만 하는 그 일, 곧 우리 육신의 죽음 속에서 우리는 이러한 기도를 드릴 권리를 부여받게 됩니다. 예수님의 십자가를 통해 이러한 시편들은 그분의 마음에서 나오는 기도이며, 지상에 있는 그분의 몸에 참여하도록 허락된 것입니다.

셋째, 시편 기도는 공동체로서 기도하는 법을 가르쳐 줍니다. 다시 말해, 시편 기도는 그리스도의 몸이 기도하고 있다는 사실을 알게 합니다. 그리고 한 개인으로서 내가 드리는 기도는 교회가 드리는 전체 기도의 극히 작은 한 부분에 지나지 않음을 깨닫게 해줍니다. 그리하여 나는 그리스도의 몸의 기도를 함께 드리는 법을 배우게 됩니다. 이것은 나의 개인적 관심사를 넘어서서 사욕이 없는 기도를 드리게 합니다. 기도란 마음에 가득 차 있는 괴로움이나 즐거움을 쏟아놓는 일회적인 행위가 아닙니다. 기도란 예수 그리스도 안에서 하나님의 뜻을 결코 중단함 없이 꾸준히 배우고, 자기 것으로 만들며, 기억 속에 각인시켜 나가는 일입니다.

외팅어(Chr. Ötinger)[8]는 그의 시편 강해에서 시편 전체를 주기도의 일곱 가지 간구에 따라 분류함으로써 심오한 진리를 관철하고 있습니다. 이로써 그는 광대하고 위대한 시편의 모든 내용이 주기도의 짧은 간구 속에 전부 들어 있다는 사실을 말하고자 했습니다.

우리의 모든 기도 속에는 항상 예수 그리스도의 기도가 있을 뿐입니다. 그 기도는 약속이 주어져 있으며, 우리의 기도를 이방인의 중언부언에서 벗어나게 합니다. 우리가 시편 속으로 다시 들어가 더 깊이 성장해 갈수록, 그리고 더 자주 시편으로 기도할수록, 우리의 기도는 더 단순하고 풍요로워질 것입니다.

말씀과 기도 9

말씀 묵상은 우리를 기도로 인도합니다. 성경 말씀의 인도를 받아 성경 말씀을 근거로 기도하는 것이야말로, 기도에 이르는 가장 확실한 길입니다. 이렇게 할 때 우리는 자기 자신의 공허함에 빠져들지 않습니다. 그러므로 기도란 다름 아닌 말씀에 기꺼이 동화되고자 하는 것이라고도 말할 수 있습니다. 나 자신의 개인적인 상황 속에서, 내게 주어진 특별한 과제와 결단 속에서, 죄와 유혹들 속에서 말씀이 주인 되도록 하는 것이 기도입니다.

공동체의 기도에서 결코 드릴 수 없는 기도를, 개인 묵상 시간에는 잠잠히 하나님 앞에 올려 드릴 수 있습니다. 성경 말씀을 기초로 우리는 하나님께서 우리의 하루를 밝혀 주시고, 죄에서 지켜 주시도록 기도합니다. 또한 성화를 이루어 주시고, 우리가 하는 일에 신실함과 능력을 주시도록 기도합니다. 이렇게 기도한 후에는 기도의 응답을 확신해도 좋습니다. 그 이유는 우리의 기도가 하나님의 말씀과 약속에 기초해 드려진 기도이기 때문입니다.

하나님의 말씀이 예수 그리스도 안에서 성취되었으므로, 그 말씀을 믿고 드리는 기도는 예수 그리스도 안에서 반드시 성취되며 응답을 받습니다.

그리스도인의 삶에서는 죽고 사는 문제가 기도에 달려 있습니다. 기도는 그리스도인의 삶의 심장입니다. 마르틴 루터는 구두장이가 신발을 만들고 재단사가 옷을 만들듯, 그리스도인은 기도해야 한다고 말했습니다. 기도하지 않는 사람은 그리스도인이라 할 수 없습니다.

기도란 구하는 것만을 의미하지 않으며, 감사하는 것만을 의미하지도 않습니다. 기도란 하나님이 하시는 말씀을 조용히 듣는 것이며, 그 말씀에 말로든 행동으로든 응답하는 것입니다. 기도란 자신의 삶을 하나님께 드리는 것입니다. 기도란 그리스도를 통해 우리에게 주신 말씀에 의지해 우리 인생을 하나님께 온전히 맡기고 헌신하는 것입니다. 기도란 하나님의 마음에 우리 자신을 내던지고 하나님과 함께 성장해 가는 것입니다. 그리하여 하나님의 살아 계심을 삶 속에서 느끼는 것입니다. 기도란 하나님이 우리 가까이 다가오셨기 때문에 우리가 하나님 가까이 나아가는 것이며, 하나님 가까이 머물고자 하는 것입니다.

그리스도가 계시므로 우리는 기도할 수 있습니다. 그리스도를 통해 하나님을 아버지라 부를 수 있기 때문입니다. 그러므로 쉬지 말고 기도하라는 말씀은 우리 삶 자체가 온전히 기도가 되도록 하라는 뜻입니다. 우리 삶이 전적으로 하나님께로 향하며, 우리 삶 전체가 그리스도 안에서 하나님의 말씀에 대한 응답이 되게 하라는 뜻입니다.

그리스도는 우리 기도의 능력이 되십니다. 오직 이 기도의 능력으로 우리는 쉬지 않고 기도할 수 있습니다. 기도는 그리스도가 우리를 아버지께로 인도하시는 능력이므로, 우리를 기쁘게 하며 강하게 합니다. 그러므로 기도하는 사람은 더 이상 슬퍼할 수 없으며 두려움 가운데 빠져 있을 수 없습니다. 기도 속에 그리스도가 계시며, 하나님이 우리 가까이 계시기 때문입니다. 두렵고 떨림으로 우리 죄를 하나님 앞으로 들고 나아올 때, 우리는 다만 멀리 서서 기도하고자 합니다. 그러나 하나님은 우리를 그분 가까이로, 아주 가까이로 이끄시고 그분 마음 안에 고이 품어 주십니다. 우리의 모든 슬픔을 위로하시며, 우리 근심을 몰아내어 주십니다. 우리가 진실로 하나님을 찾기만 하면, 하나님은 우리 죄를 용서하시고 우리 마음에 기쁨을 부어 주십니다. 기도 속에서 우리는 기쁨을 얻습니다.

그러므로 쉬지 말고 기도하십시오. 당신의 인생을 하나님께 드리고 하나님을 향해 살아가십시오. 우리가 하나님께로 향하면, 하나님도 우리를 가까이하십니다.

기도와 노동은 두 가지 서로 다른 일입니다.

기도가 노동을 방해해서도 안 되지만,

노동이 기도를 방해해서도 안 됩니다.

하나님의 뜻은 사람이 엿새 동안 일하고

이레 되는 날 하나님 앞에서 일을 쉬고 안식하는 것입니다.

하나님의 뜻에 따라 그리스도인의 하루는

기도와 노동이라는 이중적인 일로 특징지어져 있습니다.

기도 역시 시간이 필요하기는 하지만

하루의 긴 시간은 노동하는 시간입니다.

기도와 노동이 제각기

자신의 고유한 권리를 확보하는 곳에서만

기도와 노동이 영구히

서로에게 속해 있다는 사실이 분명해집니다.

하루의 수고와 노동이 없다면 기도를 기도라 할 수 없고

또한 기도가 없다면 노동을 노동이라 할 수 없습니다.

오직 그리스도인만 이 사실을 알고 있습니다.

그리고 이처럼 기도와 노동의 명백한 구별 속에서

그 둘이 하나임이 드러납니다.

노동[12]

노동은 사람을 사물의 세계 속에 세웁니다. 노동은 사람에게 행위를 요구합니다. 노동을 통해 그리스도인은 형제들끼리 만나는 삶의 자리에서 나와 비인격적인 사물의 세계, "그것"(Es)의 세계로 들어서게 됩니다. 그리고 이러한 새로운 만남이 그에게 객관성을 갖게 합니다.

왜냐하면 그것의 세계는 그리스도인의 모든 자기중심성과 이기주의를 정화하기 위해 하나님의 손에 들려져 있는 도구이기 때문입니다. 세상 속에서 하는 일은 오직 인간이 자기 자신을 완전히 잊어버리고 사실과 현실에 몰입하며, 그 과제에 몰두할 때 비로소 완성됩니다. 그리스도인은 노동을 통해 자기 스스로를 주어진 책무에 의해 제한하는 법을 체득하게 됩니다.

그리하여 노동은 육체의 안일과 게으름을 극복하도록 하는 구원의 수단이 됩니다. 육체가 요구하는 것들은 사물의 세계에서 소멸해 버립니다. 그러나 이러한 일은 오직 그리스도인이 "그것"의 세계를 돌파하여, 그들에게 노동과 행동을 명하신 하나님, 이를 통해 자기 자신으로부터 자유롭게 하시는 하나님의 "너"(Du)에 도달할 때에만 이루어질 수 있습니다.

이로 인해 노동이 노동이라는 사실이 달라지는 것은 아닙니다. 오히려 노동의 혹독함과 괴로움을 뼈저리게 맛본 사람만이 그러한 노동이 주는 유익이 무엇인지 알 수 있습니다. "그것"과의 지속적인 대결은 변함없이 존재합니다. 그러나 그 속에서 돌파가 이루어지고, 기도와 노동의 통일, 곧 하루의 통일이 실현됩니다. 하루의 노동이라는 "그것"의 배후에서 하나님의 "너"를 발견하는 것을, 바울은 "쉬지 말고 기도하라"(살전 5:17)는 말로 표현하고 있습니다.

그리스도인의 기도는 정해진 기도의 시간을 넘어서서 노동 한가운데로 뚫고 들어갑니다. 기도는 하루 전체를 포괄하지만, 그렇다고 해서 기도가 노동을 중단시키는 것은 아닙니다. 오히려 기도는 노동을 장려하고 긍정하며 노동에 진지함과 즐거움을 더해 줍니다. 그리하여 그리스도인의 말과 행동, 노동은 모두 기도가 되는 것입니다.

이는 자신에게 주어진 과제를 회피하는 비실제적인 의미에서가 아니라, 혹독한 "그것"을 실제로 돌파하여 은혜로우신 "너"에 이른다는 의미에서 그렇습니다.

분별 13

"오직 마음을 새롭게 함으로 변화를 받아 하나님의 선하시고 기뻐하시고 온전하신 뜻이 무엇인지 분별하도록 하라"(롬 12:2).

"내가 기도하노라. 너희 사랑을 지식과 모든 총명으로 점점 더 풍성하게 하사 너희로 지극히 선한 것을 분별하며 또 진실하여 허물없이 그리스도의 날까지 이르기를 원하노라"(빌 1:9-10).

"빛의 자녀들처럼 행하라……주를 기쁘시게 할 것이 무엇인가 시험하여 보라"(엡 5:8-10).

여기서 하나님의 뜻을 단순하게 인식한다는 의미는 직관의 형식으로 이루어지는 것이 아님을 알 수 있습니다. 또 모든 심사숙고하는 태도를 버리고, 맨 처음 떠오르는 생각과 느낌을 그대로 수용하는 것도 아님을 알 수 있습니다. 즉, 위에서 인용한 구절들은 예수님 안에서 시작된 새로운 삶의 단순함을 마치 심리학적인 것으로 여기는 오해를 근본적으로 수정하도록 만듭니다. 이 구절들은 하나님의 뜻의 유일성을 강조하면서 그것을 무조건 인간의 마음에 강요하지 않습니다.

하나님의 뜻은 그냥 주어지는 것이라든지, 마음속에 떠오르는 생각이 바로 하나님의 뜻이라고 말해서는 안 됩니다. 하나님의 뜻은 수많은 가능성들 속에 아주 깊이 감추어져 있을 수 있습니다. 하나님의 뜻은 처음부터 확고하게 정해져 있는 규범 체계가 아닙니다. 하나님의 뜻은 다양한 삶의 상황에서 때마다 새롭고 다양하게 나타납니다.

그러므로 우리는 하나님의 뜻이 무엇인지 항상 거듭거듭 분별해야만 합니다. 인간의 마음과 이성, 관찰, 경험 등은 이러한 분별의 과정에서 서로 협력해야 합니다. 여기서 다루는 문제는 선악에 대한 고유한 지식에 관한 것이 아니기 때문입니다. 여기서 다루는 문제는 바로 살아 계신 하나님의 뜻에 관한 것이기 때문입니다.

하나님의 뜻을 인식하는 것은 인간의 재량에 달려 있지 않습니다. 그것은 오직 하나님의 은혜 안에 있습니다. 이 은혜는 아침마다 새로우며, 또 아침마다 새로워지기를 원합니다. 이것이 바로 하나님의 뜻을 분별하는 일이 그토록 중요한 이유입니다. 마음의 소리라든지, 어떤 영감이라든지, 어떤 보편적인 원리를 하나님의 뜻과 혼동해서는 안 됩니다. 하나님의 뜻이란 오직 때마다 새롭게 분별하려는 자에게 개별적으로 풀어 주시는 은혜이기 때문입니다.

하나님의 뜻이 항상 새롭게 분별되기를 원하는 이유는, 그것이 바로 "살아 계신" 하나님의 뜻이기 때문입니다. 또 이러한 분별 속에서 하나님이 친히 그분의 뜻을 관철해 나가시기 때문입니다. 이와 마찬가지로 예수 그리스도는 우리가 그분 안에서 항상 새롭게 자신을 분별할 때, 온전히 우리 안에 살아 계십니다.

다시 말해 그리스도인들이 하나님의 뜻을 분별하는 것은, 그 자체가 하나님의 뜻의 일부에 속한 일이라 하겠습니다. 이것은 마치 그리스도인의 자기 분별이 우리 안에 계신 예수 그리스도의 뜻의 일부인 것과도 같습니다. 그러나 어떤 경우에도 이로 인해 하나님의 뜻과의 새로운 일치와 행동의 단순함이 폐기되어서는 안 됩니다. 더 나아가 약간이라도 손상되는 일이 있어서는 안 됩니다.

인간적인 사랑과 영적인 사랑[14]

인간적인 사랑은 사심 없이 섬기는 진실한 영적인 사랑을 만나면, 개인적인 미움으로 변해 버립니다. 인간적인 사랑은 자기 자신을 "목적"인 동시에 "업적"이자 "우상"으로 만들어 숭배하며, 모든 것을 그 아래 굴복시키려 합니다. 인간적인 사랑이 돌보며 양육하고 사랑하는 것은 자기 자신뿐이며, 그 외에 그의 사랑의 대상이 되는 것은 이 세상에 아무것도 없습니다.

그러나 영적인 사랑은 예수 그리스도에게서 나오는 것이며, 오직 예수 그리스도 한분만을 섬깁니다. 영적인 사랑은 타인에게 직접 다가갈 수 없음을 압니다. 그리스도께서 나와 타인 사이에 계십니다. 무엇이 타인에 대한 사랑인지는, 인간적인 사랑에서 비롯된 사랑의 보편적 개념에 기초한 선지식으로는 알 수 없습니다. 그 모든 것이 그리스도 앞에서 도리어 미움이며, 가장 사악한 이기심에 불과할 수도 있기 때문입니다.

인간적인 사랑은 영적인 사랑을 결코 이해할 수 없습니다. 영적인 사랑은 위로부터 오는 것이며, 그 사랑은 지상에 있는 모든 종류의 사랑이 도무지 이해할 수 없는 완전히 낯설고 새로운 사랑이기 때문입니다.

타인은 내게서 완전히 자유로울 때 비로소 자신의 모습 그대로 그리스도의 사랑을 받게 됩니다. 즉, 그리스도께서 그를 위해 인간이 되시고, 죽으시고 부활하셨으며, 그를 위해 죄사함을 이루셨고, 영생을 준비해 두신 바로 그 사람으로서 사랑을 받게 됩니다. 내가 형제에게 무언가를 할 수 있기 훨씬 이전에, 그리스도께서는 형제에게 이미 결정적인 일을 행하셨습니다. 그러므로 나는 그리스도를 위해 형제를 자유롭게 해야 하며, 그는 오직 그리스도를 위해 존재하는 사람으로서 나를 만나야 합니다. 이것이 바로 우리가 타인을 오직 그리스도의 중재를 통해서만 만날 수 있다는 명제의 뜻입니다.

인간적인 사랑은 타인에 대한 자기 나름대로의 상을 만들고는, 그 사람이 이런 사람이라느니, 또는 이런 사람이 되어야 한다고 말합니다. 그런 사랑은 타인의 인생을 자기 손아귀에 붙들어 놓습니다. 그러나 영적인 사랑은 타인의 모습을 예수 그리스도로부터 인식합니다. 그 모습은 예수 그리스도께서 이미 각인해 놓으셨고, 또 각인하기를 원하시는 모습입니다.

영적인 사랑은 타인에게 지나치게 개인적이고 직접적인 영향력을 행사하려 하거나, 타인의 삶에 불순하게 개입하여 영혼을 흔들어 놓지 않습니다. 영적인 사랑은 그리스도를 통해 우리 사이에 놓여 있는 타인과의 경계를 존중합니다. 영적인 사랑은 형제와 함께 그리스도에 대해 말하기보다, 그리스도와 함께 형제에 대해 말합니다. 영적인 사랑은 타인에게 가는 가장 가까운 길이 언제나 그리스도께 나아가 기도하는 길이라는 사실을 알고 있습니다.

자유 없는 순종은 노예와 같으며,

순종 없는 자유는 전횡에 불과합니다.

순종은 자유에 매여 있고, 자유는 순종을 고귀하게 합니다.

순종은 피조물을 창조자와 연결시켜 주며,

자유는 피조물이 창조자의 형상을 닮은 자로 서게 합니다.

순종은 인간에게 선이 무엇이며,

하나님께서 요구하시는 것이 무엇인지

하나님께서 말씀하도록 해야 함을 가르칩니다.

자유는 인간 스스로 선을 이루어 내도록 합니다.

순종은 선한 것이 무엇인지 알고 그것을 행합니다.

자유는 과감하게 행동으로 옮기는 가운데

선과 악에 대한 판단을 하나님께 맡깁니다.

순종은 맹목적으로 따르며,

자유는 열린 눈으로 사물을 봅니다.

순종은 아무것도 묻지 않고 행하며,

자유는 의미를 따져 묻습니다.

순종은 손이 묶여 있으나, 자유는 창조적으로 일합니다.

사람은 순종함으로써 하나님의 계명을 지키며,

자유 안에서 새로운 계명을 만들어 냅니다.

순종과 자유, 그 둘은 기꺼이 책임을 지는 삶 속에서

실현됩니다.

사랑과 진리

사랑이 없는 진리는 진리가 아닙니다.
진리는 하나님께 속한 것이며,
하나님은 사랑이시기 때문입니다.
그러므로 사랑이 없는 진리는 거짓일 뿐,
아무것도 아닙니다.
자신의 이기심을 채우기 위한 진리,
적대감을 품고
미움과 증오 속에서 말하는 진리는
이미 진리가 아니라 거짓입니다.
진리는 하나님 앞에 서게 하고,
하나님은 사랑이시기 때문입니다.
사랑은 모든 것을 바랍니다.
사랑은 그 누구도 포기하지 않습니다.
사랑이 없이 모든 것을 믿는 것은
경솔하고 어리석은 낙관주의에 불과합니다.
그러나 사랑으로 모든 것을 바라는 것은
민족이나 교회가 다시 일어서게 하는 힘이 됩니다.
이처럼 아무 조건 없이 바라며
우리가 가진 사랑의 소망으로
다른 사람에게 힘이 되어 주는 것,
이것이 바로 우리가 해야 할 일입니다.

이 사랑은 누구입니까?

모든 것을 감당하고

모든 것을 믿으며

모든 것을 바라고

마침내 십자가를 지시기까지

모든 것을 참고 견뎌야 했던 분 아니겠습니까?

믿음, 소망, 사랑17

무엇이 하나님 앞에서 믿음으로 살아가는 인생보다 더 위대하겠습니까? 무엇이 오직 하나님께 소망을 두고 살아가는 인생보다 더 위대하겠습니까? 그것은 바로 하나님 안에서 살아가는 사랑입니다. "사랑 안에 거하는 자는 하나님 안에 거하고……"(요일 4:16).

무엇이 창조자와 피조물 사이가 하늘과 땅의 차이라는 사실을 결코 잊지 않는 겸손한 믿음보다 더 위대하겠습니까? 무엇이 하나님의 오심과 하나님의 실재를 간절히 바라며 소망하고 확신하는 것보다 더 위대하겠습니까? 그것은 이 땅에서 이미 하나님의 임재를 확신하며, 하나님의 사랑은 우리의 사랑 외에는 아무것도 원하지 않음을 알고 하나님만 사랑하는 것입니다.

무엇이 그리스도 안에 있는 구원을 소망하며, 그리스도로 말미암아 의롭게 된다는 진리를 확실히 붙드는 믿음보다 더 위대하겠습니까? 무엇이 매 순간 본향을 바라보며, 복된 죽음을 맞이하기를 기다리는 소망보다 더 위대하겠습니까? 그것은 바로 타인을 섬기기 위해 모든 것을 잊어버리는 사랑입니다. 심지어 형제를 구원의 길로 인도하기 위해 자신의 구원조차도 내어 주는 섬김의 사랑입니다. 주님을 위해 자기 사랑을 잃어버리는 자는 결국 사랑을 얻게 될 것입니다(마 10:39 참조).

믿음과 소망은 영원합니다. 믿음과 소망 없이는 사랑도 없습니다. 믿음이 없는 사랑은 전류가 끊어진 전선과 같습니다. 이 말은 그리스도 없이도 사랑을 소유할 수 있다고 말하는 것과 같습니다. 오직 믿음으로만 의롭다 함을 받습니다. 이 말씀 위에 우리 개신교회가 서 있습니다. "어떻게 해야 하나님 앞에서 의롭다 함을 받습니까?"라는 질문에 마르틴 루터는 "오직 은혜로", "오직 믿음으로"라고 대답했습니다. 그러므로 내가 모든 사랑을 가지고 모든 선한 일을 완전히 이루었다고 해도, 믿음이 없으면 나는 아무것도 아니라고 말할 수 있습니다. 우리는 오직 믿음으로 의롭게 되며, 사랑으로 완전해집니다.

믿음과 소망은 사랑의 형상으로 변형되어 영원으로 들어갑니다. 마지막에는 모든 것이 사랑이 되어야 합니다. 사랑이 완성입니다. 이 세상에서 완성된 사랑의 표적은 십자가입니다. 완전한 사랑이 이 세상에서 걸어가야 할 길, 항상 새롭게 걸어가야 할 길은 바로 십자가입니다.

이 말은 첫째로 이 세상은 때가 차서 붕괴 직전에 있지만, 오직 하나님은 말할 수 없는 인내로 끝까지 기다리고 계신다는 뜻입니다. 둘째, 이 세상의 교회는 십자가 아래 있는 교회여야 한다는 뜻입니다. 눈에 보이는 세상의 영광을 추구하는 교회는 십자가에 달리신 주님을 부인하는 것입니다. 믿음, 소망, 사랑은 모두 십자가를 통해 완성됩니다.

이제 우리가 교회 문을 나서면, 이곳 교회에서 우리가 말한 것을 그저 말이 아니라 실제로 보기를 간절히 원하는 세상으로 나가는 것입니다. 수천 번 속임당하고 실망에 빠진 인류가 믿음을 원하고, 상처투성이로 고난받는 인류가 소망을 원하며, 다툼과 불신에 빠진 인류가 사랑을 원하고 있습니다.

우리 자신의 모습은 그렇게 가련한 상태가 아니라고 생각한다면, 적어도 가련한 인류를 보며 마음 아파해야 하지 않겠습니까? 그리하여 인류가 우리로 인해 새롭게 믿음을 갖고 소망하며 사랑하는 것을 배우도록 해야 하지 않겠습니까?

믿음으로 소망하며 무엇보다도 사랑합시다! 그러면 이 세상을 이길 것입니다(요일 5:4).

그중의 제일은 사랑이라[18]

"그런즉 믿음, 소망, 사랑 이 세 가지는 항상 있을 것인데 그중의 제일은 사랑이라"(고전 13:13).

저는 오늘 종교개혁 기념 주일에 이 말씀을 전하고자 작정했습니다. 그 이유는 오직 예수 그리스도를 믿는 믿음으로 말미암은 능력과 구원과 승리를 믿는 개신교회는 그 큰 믿음 이상으로 더 큰 사랑의 교회가 되어야 한다고 생각하기 때문입니다. 그럴 때 비로소 우리는 종교개혁의 기본 정신으로 돌아갈 수 있고, 개신교회에 처음부터 내재되어 있던 변질의 위험에 맞설 수 있습니다. 오직 믿음으로 구원받는 진리를, 우리가 사랑을 실천하는 살아 있는 믿음으로 살아 내지 않는다면, 종교개혁의 참뜻은 소멸해 버리고 말 것이기 때문입니다. 충성스럽게 신앙을 고백하는 정통 믿음을 소유한 교회일지라도, 그러한 믿음 이상으로 순수하고 보편적인 사랑을 실천하지 않는다면 아무런 유익이 없습니다. 사랑이신 그리스도를 믿는다고 하면서, 여전히 타인을 미워하는 것이 과연 말이 될까요? 그리스도를 주님이라고 부르면서, 주님의 뜻을 행하지 않는다면 어떻습니까? 그러한 믿음은 믿음이 아니라 위선일 뿐입니다.

그리스도에 대한 믿음을 선언하기에 앞서, 형제를 찾아가 화해하지 않는다면 아무 소용이 없습니다. 여기서 말하는 형제란 비신자와 낯선 인종, 배척당하고 추방당한 사람들까지 모두 포괄합니다. 한 민족을 그리스도에 대한 믿음으로 돌이키고자 애쓰는 교회는, 그 민족 속으로 들어가 용광로같이 활활 타오르는 사랑의 불꽃이 되어야 하지 않겠습니까? 그리하여 화해의 싹을 틔우고 사랑의 불을 지펴서 모든 미움을 잠재우며, 교만과 증오에 찬 사람들이 이제는 사랑의 사람들로 변화되도록 해야 하지 않겠습니까?

종교개혁 이후 교회에서는 위대한 일들이 많이 일어났습니다. 그러나 우리는 아직도 "그중의 제일은 사랑이라"고 하신 말씀을 온전히 살아 내지는 못했으며, 오늘 이 순간 이 말씀은 어느 때보다도 더 절박하게 우리에게 호소하고 있다는 생각이 듭니다.

하나님을 본다는 것 [19]

하나님을 본다는 것은 마치 사랑하는 사람의 눈을 바라보며 행복을 느끼듯 아버지를 사랑하여 그분의 눈을 똑바로 바라보는 것입니다.

하나님을 본다는 것은 마치 생수를 들이키듯 하나님의 빛을, 그분의 맑고 깨끗함을 들이마시는 것입니다.

하나님을 본다는 것은 우리가 한평생 사모하며 걸어온 본향을 바라보는 것이며, 마치 어린아이가 어머니의 품에 안겨 실컷 울고 나면 가슴이 후련해져 기쁨이 다시 찾아오듯 아버지의 마음에 자신을 맡기는 것입니다.

하나님을 본다는 것은 자신의 삶 속에서 하나님을 인식할 뿐 아니라, 세상 속에서 하나님을 인식하고 그분을 보며 그분의 뜻을 이해하는 것입니다.

하나님을 본다는 것은 영적인 깊은 세계로 들어가서 그분의 성품에 참예하며, 어린아이처럼 놀라움이 가득한 눈으로 하나님의 비밀이 계시되는 것을 보는 것입니다.

하나님을 본다는 것은 사랑과 감사, 순결함 속에서 우리 자신이 영원의 일부가 되는 것입니다.

하나님을 본다는 것은 흰옷을 입고, 구원받은 사람들과 더불어 목소리 높여 찬양하는 것입니다.

그러나 아직 우리는 한 걸음 한 걸음 내딛는 희미한 발자국 소리를 들으며 본향을 향해 걸어가는 순례자들입니다. 우리는 함께 그 길을 가는 다른 순례자들과 더불어 한목소리로 끝없이 하늘을 향해 외칩니다. "제 마음을 정결하게 하소서!"

나사로는 누구입니까? 나사로는 당신이 만나는 타인들이며, 수천 가지 비참한 모습으로 당신과 마주치는 십자가에 못 박히신 그리스도입니다.

부자는 누구입니까? 분명 우리는 부유하지 않을 수 있습니다. 우리는 포만감을 누리며 풍족하게 살고 있지 않을 수 있습니다. 기쁨과 영화를 누리며 사는 것도 아닐 수 있습니다.

정말 아닙니까? 당신이 나사로를 만나게 되더라도 정말 아니라고 할 수 있겠습니까? 아니면 나사로를 만나게 되는 일이 없을까요? 우리가 정말 부자가 아니라고 말할 수 있을까요?

다른 이야기에서 우리는 그 답을 찾을 수 있습니다. 그것은 부자 청년에 관한 이야기입니다. 그는 아주 경건하고 의로운 사람이었습니다. 그러나 자신이 가진 모든 재물을 가난한 자들에게 나누어 주고 주님을 따르라고 했을 때, 그는 슬퍼하며 주님을 떠났습니다. 그가 부자입니다.

그렇다면 우리는 어떻습니까?

그리스도의 몸 21

"너희는 그리스도의 몸이요"(고전 12:27). 이는 "너희는 그리스도의 몸이 되어야 한다"라는 말이 아닙니다. 바로 지금 모습 그대로 "너희는 그리스도의 몸이다"라는 말입니다. 그들이 죄인인지 아닌지가 중요한 것이 아니라, 그리스도의 몸에 속해 있다는 것이 중요합니다. 이 말씀은 본질상 우리가 어떤 존재인지 주목하도록 합니다. 즉, 오직 "너희는 그리스도의 몸"이라는 한 가지 사실을 바라보도록 요구합니다.

우리가 그리스도의 몸에 무언가를 더해야 하는 것이 아닙니다. 하나님이 이미 모든 것을 행하셨고, 우리가 그리스도의 몸이 되는 은혜를 일방적으로 베푸셨습니다. 다른 말로 하면, 하나님이 우리의 모든 것, 곧 우리 생명의 힘과 호흡, 피와 영혼을 예수 그리스도에게 단단히 접붙이셨습니다. 우리를 그분의 백성으로 삼으셨습니다. 이 땅에서 예수 그리스도를 주님으로 섬기며, 그분과 함께 살아가는 공동체로 우리를 선택하셨습니다. 이는 마치 잎사귀가 나무의 생명을 함께 누리는 것과 같고, 몸의 한 지체가 우리의 모든 삶을 함께 체험하며 영위하는 것과 같습니다. 하나님이 우리를 이러한 생명 공동체로 받아들이셨다는 것이 바로 우리가 교회에 속해 있다는 의미입니다.

그리스도의 몸, 곧 이 세상을 살아가는 하나님의 백성이며, 하나님이 선택하신 거룩한 공동체가 오늘 우리가 말하고 싶은 교회입니다. 교회는 여기저기 높은 종탑을 세워 놓은 건물을 의미하지 않습니다. 또한 이런저런 조직을 의미하지도 않습니다. 교회란 이 세상을 고향으로 여기며 사는 것이 아니라 순례자의 길을 가는 하나님의 백성입니다. 교회란 거룩해진 공동체이며, 우리 각자가 그 지체를 이루는 그리스도의 몸입니다. 이것이 바로 예수 그리스도의 거룩한 교회입니다.

교회에 속한다는 것은 하나님의 공동체에 속한다는 의미입니다. 하나님의 공동체에 속하는 것과 눈에 보이는 지역 교회에 속하는 것이 완전히 동일하지는 않습니다. 하나님의 교회에 속한다는 것은 하나님에 의해 영원의 선물에 동참할 자격을 부여받은 공동체에 속한다는 의미입니다. 교회에 속한다는 것은 이 세상을 살아가는 동안 하나님이 택하신 백성과 함께 그리스도의 깃발 아래 순례자의 길을 가는 것을 말합니다. 교회에 속한다는 것은 하나님에 의해 살아가는 것이며, 영원으로부터 살아가는 것입니다. 교회에 속한다는 것은 혼자가 아니라, 그리스도를 사랑하는 다른 모든 사람과 더불어 살아가는 것입니다. 교회란 하나님 안에서 그분의 백성과 더불어 교제하는 것을 의미하기 때문입니다.

하나님의 백성은 서로 은밀하고 비밀스러운 관계를 맺고 있으며, 눈에 보이지 않지만 서로를 위해 강력하고도 고요하게 함께 일하고 있습니다. 저 옛날 성배 수호 기사들이 세상 사람들의 눈에 띄지 않았듯, 눈으로 볼 수 없지만 밤낮으로 함께 만나고 연합하는 백성입니다. 하나님의 백성은 저 멀리서 손짓하며 영광스럽게 빛나는 본향을 향해 가는 여정에 오른 백성입니다. 비록 어둠 속을 걸어가고 있을지라도, 그들은 이미 빛을 보았고 가야 할 길을 분명하게 알고 있는 백성입니다.

그들은 각자 무거운 짐을 지고 수고하고 있지만, 하나님의 은혜를 입고 자유를 얻은 백성입니다. 십자가를 지고 가면서도, 그 눈은 행복으로 빛나는 백성입니다. 가장 어두운 밤에도 자기 백성을 안전하게 인도하시는 분의 다스림을 받으며, 길을 가다가 발을 잘못 디뎌 비틀거리는 사람을 붙잡아 주고 일으켜 세워 주는 백성입니다. 한마디로 말하면, 하나님의 사랑을 받은 까닭에 서로 사랑하는 백성입니다. 온 세상에 흩어져 있으며, 세상 구석구석 어디서나 그 구성원들이 발견되는 백성입니다. 그 백성은 우리 중에도 있으며, 또 계속 발견되고 있습니다. 그들이 바로 하나님의 백성이자 그리스도의 교회입니다.

서로 사랑하는 백성! 세상에서 들어 본 적이 없는 전혀 새로운 백성입니다. 이 백성은 모든 인간적인 경험을 초월합니다. 우리가 진실로 그리스도를 사랑할진대, 하나님이 우리를 이 사랑의 백성의 일원이 되게 해주셨습니다. 어쩌면 우리 자신은 이 백성 중에 속해 있는지 인식조차 못 할 수 있지만, 사랑의 백성이 우리를 감당하고 지원하고 있습니다. 우리는 이 사랑의 백성을 힘입어 살아가고 있습니다. 우리 홀로 본향을 향해 외로이 길을 가고 있는 것이 아닙니다. 우리 곁에서 우리를 도우며 우리를 감당해 주는 사람들이 있습니다. 우리를 아낌없이 지원하며 우리의 길을 안내하는 수많은 사람들이 있습니다.

그리스도의 몸 된 하나님의 교회가 참으로 기이한 사랑의 백성이듯, 그들이 서로 돕는 방법도 기이합니다. 여기에는 인간의 능력을 초월하는 세 가지 자원이 역사합니다. 그리스도인은 하나님이 주시는 은사로 인해 이 세상에서 가장 강력한 능력이 있습니다.

첫 번째 능력은 타인을 위해 기쁜 마음으로 희생할 수 있는 능력입니다. 눈에 보이든 보이지 않든, 우리가 타인을 위해 살며 하나님을 위한 희생제물로 드려질 때 비로소 그리스도인답게 사는 것입니다. 희생의 능력은 성도 간의 교제 능력을 말합니다. 하나님의 백성은 한 사람이 타인을 위해 희생함으로써 세상에서 가장 강력한 백성이 됩니다.

두 번째 능력은 비밀스럽고 놀라운 능력인데도 단지 소수만이 알고 있을 뿐입니다. 이 능력 없이는 우리 가운데 그 누구도 믿음의 옷자락을 만질 수 없을 것입니다. 이는 곧 우리가 타인을 위해 기도할 수 있는 능력이 있다는 의미입니다. 또한 날마다 우리의 믿음이 떨어지지 않게 새 힘을 덧입혀 주시도록 간구하는 수백만의 영혼이 있다는 의미입니다.

온 세상이 수백만의 기도를 하늘로 올려 드리는 제단이라는 사실을 생각해 보십시오. 우리 한 사람 한 사람을 위해 하나님께 손을 높이 들고 은혜를 간구하는 그분 백성의 기도 없이는 단 1초의 시간도 흘러가지 않는다는 사실을 생각해 보십시오. 우리의 구원을 위해 온 교회의 심장이 요동치며 기도한다는 사실을 생각해 보십시오. 어쩌면 가까운 친구 중 누군가가 기도하고 있을 수도 있습니다. 그가 하나님 앞에 우리 영혼을 들고 나아가 중보기도를 드리고 있다는 사실을 생각해 보십시오. 이러한 생각을 하면서도 스스로를 낮추고 겸허해지지 않을 사람이 있을까요? 그를 위해 기도하는 누군가가 바로 그 영혼을 구한 구원자가 아닌지 누가 알겠습니까? 우리가 믿음 안에 거하는 것은 우리의 공로가 아니라, 우리의 이웃과 우리를 향하신 하나님의 측량할 수 없는 은혜와 사랑 때문입니다.

우리는 모두 날마다 교회가 올려 드리는 기도를 필요로 하는 사람들입니다. 매 주일 우리는 공동 예배를 드리면서 "나의 아버지"가 아니라 "우리 아버지"라 부르고, "나의 죄"가 아니라 "우리 죄"를 사하여 달라고 기도드리지 않습니까? 사도 바울이나 모세의 기도 역시 동일한 기도입니다. 마치 눈에 보이지 않는 그물망처럼 중보기도는 온 세상의 교회가 하나되게 합니다. 자신은 기도한 적이 없는데도 갑자기 없던 힘이 어디서 생겼는지 아무도 모릅니다. 그러나 분명히 알아야 할 사실이 한 가지 있습니다. 하나님 앞에 있는 교회가 그를 위해 기도한다는 사실입니다.

세 번째 능력은 우리 인간 속에 있는 것 중 가장 신적이고 기이하며, 비밀스럽고 거룩한 최상의 능력입니다. 한 사람이 타인의 죄를, 곧 내가 상대방의 죄를, 상대방이 나의 죄를 하나님의 이름으로 용서하며 죄의 짐을 벗게 해주는 능력입니다. 한 사람이 자기 죄를 타인에게 자발적으로 고백하며 누릴 수 있는 죄고백의 커다란 비밀이 이 능력에 담겨 있습니다. 죄고백의 대상은 그 사람이 신뢰하는 어머니일 수도 있고, 배우자나 친구일 수도 있습니다. 죄고백을 들은 사람은 믿음의 권세로 참회자의 어깨를 짓누르는 죄의 짐을 풀어 주며, 하나님의 이름으로 그의 모든 죄를 사해 줍니다.

한 사람이 타인의 죄의 짐을 벗게 해주는 것은, 그리스도인의 교회 생활에서 가장 깊고 진지한 일이라고 할 수 있습니다. 그런데 오늘날 교회는 "상대방이 내게, 내가 상대방에게 작은 그리스도가 될 수 있고, 되어야만 한다"는 사실을 잊어버렸습니다. 교회는 죄고백과 죄사함이 있을 때 비로소 세상이 감당할 수 없는 놀라운 능력을 덧입는다는 사실을 잊어버렸습니다. 그리스도인은 타인이 곤경에 처했을 때 그와 함께하고 그의 죄사함을 위해 기도할 뿐 아니라, 그에게 작은 그리스도가 되어 주어야 합니다. 그리스도를 대신해 실제로 타인을 죄에서 구해 내고, 하나님과 화해시키는 일을 감당해야 합니다.

희생과 중보기도, 죄사함은 기독교회가 가진 놀라운 능력입니다. 이 능력을 한마디로 요약하면, "사랑"이라고 말할 수 있습니다. 하나님이 우리에게 보여주신 사랑, 다른 말로 "타인에게 그리스도가 되어 주는 것"입니다. 이 세 가지 능력은 모든 것을 연결해 주는 그리스도의 몸으로 흘리신 보혈의 능력을 의미합니다. 여기서 몸은 하나의 생명체입니다. 몸의 모든 지체는 하나의 생명체로서 호흡하며, 동일한 음식인 하나님의 말씀을 먹고, 동일한 음료인 우리 주 예수 그리스도의 피를 마시며 살아갑니다. 한 사람이 있는 그곳에 온 교회가 있습니다. 누구도 혼자가 아닙니다. 누구도 버림받지 않습니다. 누구도 정처 없이 떠도는 신세가 아닙니다. 교회가 사랑 안에서 희생과 중보기도, 죄사함의 능력으로 그와 함께합니다. 누구도 홀로 기뻐하지 않으며, 누구도 홀로 고통받지 않습니다.

주님이 교회 안에서 일하십니다. 교회가 있는 곳에 그리스도가 계시고, 하나님의 사랑이 흘러넘칩니다. 그러므로 교회로 들어가고, 하나님의 백성 안으로 들어가십시오. 그리고 눈을 들어 여러분이 사랑에 둘러싸여 있는 것을 보십시오. 여러분은 그리스도의 몸입니다. 여러분은 하나님의 교회이며, 거룩함을 입은 공동체입니다. 그 사실을 주목하여 보고 놀라워하며 감사하십시오.

힘없고 연약한 우리 시대, 가련하고 비참하며 고향을 잃어버린 우리 시대의 도움은 오직 하나입니다. 그것은 다시 교회로 돌아오는 것입니다. 한 사람이 사랑으로 타인을 감당하는 곳, 한 사람이 타인을 위해 살며 하나님 안에서 사귐이 있는 곳이 바로 교회입니다. 이러한 사랑이 있기에 우리의 고향인 교회로 다시 돌아오게 되는 것입니다. 이 세상이 하나님 백성의 일부가 되며, 결혼과 우정을 비롯해 모든 교제의 목적과 의미도 교회가 됩니다. 결혼이 교회인 곳, 한 사람이 타인을 위해 희생하는 곳, 한 사람이 타인을 위해 간구하는 곳, 한 사람이 타인의 죄를 용서하는 곳, 두 사람이 하나의 인생이 되어 살아가는 곳에서 결혼은 가장 깊은 의미에서 완성됩니다.

징계의 시간 한복판에서 성령의 열매는 모든 충만함으로 자라고 무르익어 갑니다. 이때 우리는 성령의 열매가 풍성해지도록 하나님을 위해, 사람들을 위해, 우리 자신을 위해 우리 안에 있는 방을 활짝 열어 두어야 합니다. 사랑하는 아버지의 세계, 하나님의 세계는 우리 안에서 태어나기를 원하고 성장하고 성숙하기를 원합니다.

불신과 적대감이 팽배한 곳에 사랑이, 비참과 고통 대신 희락이, 내외적 분쟁 한가운데 평화가, 조급함이 우리를 짓누르고 있는 곳에 인내가, 거칠고 냉혹한 언어만 통하는 듯 보이는 곳에 친절이, 이해심과 공감의 능력이 연약함으로 치부되는 곳에 양선이, 오랜 이별로 인해 모든 관계가 변화의 소용돌이에 파묻혀 버리고 가장 견고한 가치들조차 흔들어 놓으려는 곳에 믿음이, 다시 말해 신의가, 난폭함과 사욕을 채우는 것만이 목적지로 인도하는 듯 보이는 곳에 온유가, 짧은 인생을 향유하는 것만이 유의미해 보이고 모든 연대감을 해체시켜 버리려는 곳에 절제가 있게 하소서.

이 모든 것은 아름다운 환상에 불과할까요? 도저히 불가능한 일일까요? 만약 성령의 열매가 전적으로 홀로 성장해 가는 것이 아니라면 그럴 것입니다.

그러나 성령의 열매는 이미 우리에게 맡겨져 있고, 우리 안에서 모든 것을 완성해 나갈 것입니다. 그러니 우리는 성령의 열매가 맺히는 것을 다만 경이로움에 싸여 경탄하며 바라볼 뿐입니다.

우리가 교회를 세우는 것이 아니라, 주님이 친히 교회를 세우십니다. 누구도 교회를 세우지 못합니다. 오직 그리스도만이 교회를 세우십니다. 스스로 교회를 세우려는 사람은 이미 교회를 무너뜨리는 작업을 하고 있는 것입니다. 그가 원해서가 아니라, 자기도 모르는 사이에 우상의 전을 세우게 될 것이기 때문입니다.

우리가 할 일은 신앙고백을 하는 것이고, 교회는 그리스도께서 세우십니다. 우리가 할 일은 복음을 전파하는 것이고, 교회는 그리스도께서 세우십니다. 우리가 할 일은 주님 앞에 나아가 기도하는 것이고, 교회는 그리스도께서 세우십니다.

우리는 주님의 계획을 알지 못합니다. 우리는 주님이 교회를 세우고 계신지, 허물고 계신지 볼 수 없습니다. 인간의 눈으로 볼 때 붕괴와 몰락의 시기가 주님께는 위대한 세움의 시기인지도 모릅니다. 인간의 눈으로 볼 때 위대한 교회의 시기가 주님께는 교회가 무너지고 허물어지는 시기인지도 모릅니다.

우리 교회는 신앙고백을 해야 합니다. 거듭거듭 신앙고백을 해야 합니다. 오직 그리스도만이 주님이십니다. 우리는 오직 그리스도의 은혜로만 살아갑니다. 교회를 세우는 분은 그리스도이십니다.

사망의 깊은 골짜기를 마주하여 교회가 세워지고, 교회는 그리스도를 생명으로 고백합니다. 교회는 논쟁의 여지 없이 거친 파도가 몰아치는 세상을 통과해 나아가야 하며, 때로는 세파에 뒤덮여 완전히 사라져 버린 것처럼 보이기도 할 것입니다. 그러나 승리는 교회의 것입니다. 교회의 주인이신 그리스도께서 함께하시며, 그분이 사망의 세상을 이기셨기 때문입니다.

사람들은 고난을 당하면 하나님께 나아가서
그분의 도움을 간청하며 행복과 빵을 달라고,
질병과 죄, 죽음에서 구원해 달라고 간구합니다.
그리스도인이나 이방인이나 모두들 그렇게 하지요.

사람들은 고난당하시는 하나님께 나아가서
거처도 없고 빵도 없이,
가난과 멸시 속에 있는 그분을 발견하고
죄와 연약함, 사망에 삼킨 바 된 그분을 바라봅니다.
그리스도인은 고통당하시는 그분 곁에 서 있지요.

하나님은 고난 가운데 있는 모든 사람에게 찾아가시며
그분의 빵으로 몸과 영혼을 배불리 먹이시고
그리스도인과 이방인을 위해 십자가 죽음을 당하십니다.
그리고 둘 다를 용서하시지요.

확신 26

신실하신 주님 팔에 고요히 둘러싸인
보호와 위로 놀라워라.
오늘도 나는 여러분과 함께 살아가며
활짝 열린 가슴으로 새로운 해 맞으렵니다.

지나간 날들 우리 마음 괴롭히며
악한 날들 무거운 짐 되어 우리를 누를지라도
주여, 간절히 구하는 영혼에
이미 예비하신 구원을 주소서.

쓰디쓴 무거운 고난의 잔
넘치도록 채워 주실지라도
당신의 선하신 사랑의 손에서
떨림 없이 감사하며 그 잔 받으렵니다.

그러나 이 세상의 기쁨
눈부신 햇살 바라보는 기쁨이
다시 한번 주어진다면 지나간 날들 기억하며
나의 삶 온전히 당신께 드리렵니다.

어둠 속으로 가져오신 당신의 촛불
밝고 따뜻하게 타오르게 하시며

생명의 빛, 칠흑 같은 밤에도 빛을 발하니
우리로 다시 하나되게 하소서.

우리 가운데 깊은 고요가 임하며
보이지 않는 주님 나라 확장되어 갈 때
모든 주님의 자녀 목소리 높여 찬양하는
그 우렁찬 소리 듣게 하소서.

주의 강한 팔에 안겨 있는 놀라운 평화여!
낮이나 밤이나 우리와 함께하시는 하나님은
다가올 모든 날에도 변함없으시니
무슨 일 닥쳐올지라도 확신 있게 맞으렵니다.

부록

교회란 무엇인가?[1]

1

교회가 무엇인가를 논하기 위해서는 무엇이 인간으로부터 비롯된 것이며, 무엇이 하나님으로부터 비롯된 것인지 살펴보는 수밖에 없습니다. 그 두 가지는 따로 분리할 수 없이 서로 함께 속해 있습니다. 교회의 본질은 이러한 이중성 속에 담겨 있습니다. 다시 말해 교회가 어떻게 존재해야 하는지에 대한 물음은, 오늘 우리가 교회에서 무엇을 해야 하는지에 대한 물음이 아닙니다. 그 물음은 교회가 무엇인지를 묻고 있습니다. 그것은 교회의 존재에 관한 물음입니다. 그것이 모든 것을 결정합니다.

2

교회는 세상의 한 부분입니다. 교회는 잃어버린 세상, 하나님 없는 세상, 저주 아래 있는 세상, 허망하고 악한 세상의 한 부분입니다. 교회가 하나님의 이름을 오용한다는 점에서 그렇습니다. 교회는 하나님을 놀이 대상처럼 여기고, 인간의 우상으로 만들어 버린다는 점에서 그 잠재력이 어마어마한 악한 세상입니다. 교회가 악한 세상과의 마지막 연대에서 탈퇴하여 세상에 대해 적대적인 역할을 자랑하고 있다면, 교회는 단연코 영원히 잃어버린 세상, 적그리스도의 세상입니다.

그러나 교회는 자격이 부여된 세상의 한 부분입니다. 하나님 자신이 교회 안으로 들어오셔서 교회를 보증하고 책임지신다는 점에서 그렇습니다. 교회는 하나님의 계시의 말씀과 은혜의 말씀을 통해 자격이 부여된 세상의 한 부분입니다. 교회는 세상에 전적으로 귀속되어 있으며 세상의 손아귀에 들어가 있지만, 하나님의 말씀을 하나님을 위해 독점하고 있습니다. 교회는 하나님의 말씀을 굳게 붙들고 있는 세상의 한 부분입니다. 교회는 세상 가운데 하나님의 현존입니다. 참으로 세상 가운데 하나님의 현존하심이 교회입니다. 교회는 거룩하게 구별된 성소가 아니라, 하나님에 의해 하나님께로 부름받은 세상입니다. 그러므로 온 세상에는 오직 "하나"의 교회가 있을 뿐입니다.

3

교회는 그리스도인이 경건한 삶을 유지할 수 있도록 하는 기관입니다. 교회는 그 나라 백성에게 받아들여져야만 합니다. 그렇지 않으면 사정없이 공격을 받게 될 것입니다. 교회는 공공 생활과 질서, 국가에 봉사합니다. 교회는 조직이 그다지 모범적이지도 않고 영향력이 크지도 않으며, 사람들의 이목을 끌지도 못하는, 개선의 여지가 아주 많은 기관입니다.

그러나 교회는 하나님으로부터 직분을 받았으며, 그 직분은 바로 살아 계신 하나님에 관한 메시지를 선포하는 것입니다. 여기서 위탁과 계명이 나옵니다. 여기서 영원한 속박이 생깁니다. 여기서 하늘과 지옥이 따로따로 갈라집니다. 여기서 세상의 심판이 이루어집니다. 교회는 그리스도의 현존이며, 그분의 법정이기 때문입니다. 선포된 그리스도, 선포되는 그리스도, 선포와 선포자, 직분과 말씀이 있는 곳이 교회입니다. 교회는 기적을 통해 세상의 돌파가 일어나는 곳입니다. 교회는 생명을 창조하시는 하나님의 현존을 통해 돌파가 일어나는 곳입니다. 사망에서 생명으로 불러내시는 하나님의 현존을 통해 돌파가 일어나는 곳, 그곳이 교회입니다.

4

교회는 종교에 흥미를 느끼는 종교적인 성향의 사람들이 이상하게도 기꺼이 이러한 교회라는 형상을 가지고 활동하는 단체입니다. 오늘날 이 사람들은 대개 어떤 사회 계층에 속해 있습니다. 그 사회 계층은 특별히 영적인 생명력이 있다거나, 미래를 제시하는 특별한 형성력이 있는 것이 아닙니다. 다만 자신의 정직성을 편하게 느끼는 성격이 두드러진다는 사실을 보여줍니다. 이곳의 공기는 상당히 낡아 있고, 시야도 상당히 좁은 편입니다. 이곳이 선두에 서는 일은 거의 없는 것 같습니다. 차라리 영화관에서 더 많은 일이 일어나고 있는 것이 현실이며, 이는 정말이지 흥미롭습니다. 이와는 대조를 보이며 작은 그룹들이 두드러지게 나타나기도 하는데, 그들은 더 이상 그대로 있을 수 없어 창문을 밀쳐 버립니다. 그들은 적극적이며, 이른바 "개혁자들"입니다. 지금 개개의 단체는 그들을 필요로 하며, 또 여기 저기 나타나고 있습니다.

5

그러나 교회는 성도의 교제입니다. 교회는 하나님에 의해 홀로 있음에서 자유케 된 성도의 공동체입니다. 교회는 한 사람이 다른 사람에게 속해 있는 공동체입니다. 교회는 하나님에 의해 타인과 연결되어 있기에 자신을 내어 주며, 자신의 책임을 아는 성도의 공동체입니다. 교회는 희생과 기도와 용서의 공동체입니다. 교회는 홀로 있음의 사슬을 깨뜨리고 함께하는 공동체입니다. 교회는 서로를 위하는 사랑과 형제애가 실재하는 공동체입니다. 이 모든 것이 하나님으로부터 말미암습니다. 교회는 하나님께서 말씀을 통해 세상으로부터 불러내신 하나님의 백성입니다. 교회는 믿음 안에서 유일하신 주님과 연합된 하나님의 백성입니다. 교회는 사랑 안에서 형제와 연합된 하나님의 백성입니다.

6

교회는 항상 그 두 가지가 공존하고 있습니다. 만약 누군가 둘 중 하나만 보고 있다면, 그는 교회를 보고 있는 것이 아닙니다. 그렇게 한다면 교회의 개념을 다루는 것이 조롱하는 자에게나 옹호하는 자에게나 훨씬 쉬워질 것입니다. 그들은 교회의 존재 방식에서 둘 중 하나만 말하면 될 테니까요. 그러나 교회는 이러한 독보적인 이중성으로 인해 원수나 친구에게서도 간섭받지 않고 점유되지 않는 것입니다. 교회의 존재를 다음의 두 가지 진술로 규정해도 된다면, 교회를 이해하기가 훨씬 쉬워질 것입니다. 교회란 무엇이며, 교회는 어떻게 존재해야 하는가? 그러면 우리는 교회의 활동에 대한 궁리를 할 것입니다. 그러나 이러한 방법도 철저하게 실패하고 맙니다. 교회는 하나님으로부터 말미암은 것이며, 방금 말한 모든 것으로 충만합니다. 그리고 그 모든 것이 교회를 교회 되게 합니다. 이로써 우리의 극히 무사태평한 개혁 의지는 배신을 당합니다. 교회를 교회 되게 하는 분은 하나님이지, 우리가 아닙니다. 결국 이 걸림돌을 피하고 싶어서, 우리는 여기서 말하고 있는 교회가 두 가지 교회일 것이라고 규정해 버립니다. 그러나 이 또한 결정적인 면에서 실패합니다. 교회는 하나의 동일한 교회이며, 교회의 가시적인 형상과 숨겨진 신성은 하나입니다. 나사렛 목수의 아들과 하나님의 아들이 동일한 주님이신 것과 마찬가지입니다.

7

이 세상에서 교회는 복음의 메시지를 올바르게 전함으로써 하나님의 교회임이 입증됩니다. 교회는 은혜와 계명을 올바르게 선포함으로써 하나님의 교회임이 입증됩니다. 너무 많은 설교가 행해지기 때문이 아니라, 잘못된 설교가 너무 많아서 우리는 고통당하고 있습니다. 또한 아무것도 교회로 들여오지 못하고, 아무것도 교회 밖으로 내어놓지 못하는 사람이 누구인지 더는 알지 못하기 때문에 고통을 받습니다. 이 말은 우리가 설교를 잘못 듣고 있어서 고통을 받는다는 의미이기도 합니다. 말하자면, 이것은 교회가 하나님의 말씀을 세상에 어떻게 전달하고 있는지에 대한 문제입니다. 즉, 예수 그리스도 안에서 하나님의 선하심과 진실하심의 계시가 율법과 세상의 돌파를 이루는 것에 대한 증인의 문제입니다.

8

교회는 기적을 말합니다. 그 이유는 교회가 하나님에 관해 말하고 있기 때문입니다. 교회는 시간 속에서 영원을 말하며, 죽음 속에서 생명을 말합니다. 교회는 미움 속에서 사랑을 말하며, 죄 속에서 용서를 말합니다. 교회는 고통 속에서 구원을 말하며, 의심 속에서 희망을 말합니다. 교회는 이러한 메시지가 불쾌하게 들린다는 사실을 잘 알면서도 그렇게 합니다. 교회는 이것이 자신에게 주어진 결코 취소할 수 없는 위탁임을 잘 알고 있습니다.

9

교회는 하나님의 은혜와 계명을 선포하면서 경계에 서 있습니다. 그 경계는 인간적인 가능성에 대해 위로부터 돌파하는 경계입니다. 그러나 교회는 경계의 돌파에 관해 말하고, 세상법에 관해 말하면서 인간의 기관으로서 전적으로 이 경계선 안에 있습니다. 교회는 세상의 법과 세상의 질서를 향해 경계선 안에 서 있습니다. 그러한 법과 질서의 파괴와 멸망, 하나님에 의한 종말을 권세 있게 증거하면서 교회는 경계선 안에 있습니다. 그러므로 교회의 설교는 필연적으로 "정치적"(politisch)입니다. 다시 말해, 교회의 설교는 정치 질서를 따르게 됩니다. 그 이유는 인간이 정치 질서에 매여 있는 존재이기 때문입니다. 그러나 교회의 설교는 바로 "정치적"으로 정렬함으로써, 모든 정치 행위의 비판적인 경계로 작용합니다. 교회는 정치의 경계입니다. 그러므로 탁월한 의미에서 교회는 정치적인 동시에 비정치적입니다. 교회가 돌파하는 경계를 만들어 내는 까닭에, 교회는 한계에 대해, 법률에 대해, 질서에 대해, 국가에 대해 주의를 환기시킵니다. 교회는 단지 국가와의 관계 속에서 존재합니다. 교회는 국가를 제한하며, 국가는 교회를 제한합니다.

10

교회의 첫 번째 정치적 발언은 자신의 경계를 인식하고 사려 깊게 행하도록 권유하고 있습니다. 교회는 이러한 경계를 죄라고 칭합니다. 국가는 이러한 경계를 실재라고 칭합니다. 둘 다 그러한 경계를 좋아합니다. 그들이 비록 서로 다른 곳에 강조점을 두고, 서로 다른 유한성에 대해 말하고 있을지라도 그렇습니다. 유한성 안에 있는 정치, 이것이 교회가 말하는 첫 번째 탁

월한 정치적 발언입니다. 그리고 이러한 발언은 교회를 정당 정치의 구속에서 벗어나게 합니다. 이러한 발언은 교회가 편파적인 속박에서 벗어나 본래적인 "정치적" 영역에 서도록 합니다. 교회의 첫 번째 발언이 정치의 기독교화가 아니라는 사실을 고려해야만 합니다. 만약 그렇게 하려고 시도한다면 경계를 잘못 인식한 것입니다. 교회의 첫 번째 발언은 정치의 기독교화가 아니라 한계성의 인식입니다.

11

정치에 대한 교회의 두 번째 발언이 있을까요? 여기서 논쟁이 발생합니다. 그것은 교회의 구체적인 계명을 알고, 그 구체적인 계명을 관철해 나가는 것입니다. 그것은 특정한 상황에서 교회가 고유한 정당의 길을 가는 것을 의미합니다. 이것은 하나의 원칙적인 가능성입니다. 그러나 여기서도 진실로 유한성의 경계선, 국가의 경계선 안에서 단지 "구체적인" 계명에 관한 것을 다루어야 합니다. 결코 자신의 경계를 잘못 인식한 기독교 정치 이데올로기의 강령으로 다루어서는 안 됩니다. 이러한 계명이 진실로 인지되고 있는지에 대해 궁극적인 것을 향한 자기 점검이 항상 필요합니다. 이러한 계명이 진실로 고유의 정치적 정당을 요구하고 있는지에 대한 물음이 항상 선행되어야만 합니다. 지금 이 순간이야말로 이미 존재하는 정당을 이용하는 사려 깊은 태도가 요구되지 않는지 점검해 보아야 합니다. 다시 말해, 진실로 교회가 정당 정치 저편에 있다는 첫 번째 발언을 위태롭게 하면서까지 두 번째 발언에서 말한 정당 정치로 들어가는 일을 감행해야 하는지에 대한 자기 점검이 꼭 필요합니다. 여기서 교회의 잘못된 조치는 교회의 정치적 본질에 타격을 가하고 맙니다. 그것도 교회의 본질에서 가장 예민한 부분에 손상을 입히게 됩니다.

12

그럼에도 결론적으로 말하자면, 두 번째 발언은 교회의 마지막 가능성으로서 완전히 배제될 수 없습니다. 여기서 그 경계선을 교회보다 더 분명하게 보는 자는 아무도 없어야 할 것입니다. 교회는 위로부터 돌파하는 경계에 서 있기 때문입니다. 개신교회가 독일에서 마지막으로 사용할 수 있는 힘으로 정당 투쟁에서 정치적인 역할을 하지 않는다면, 그것은 양심을 저버리는 것입니다. 현재 상황에서는 그보다 더 개신교회에 파괴적이며 본질을 훼손하는 일은 없을 것입니다. 그것은 교회의 마지막이 될 것입니다. 오늘날 교회는 두 번째 정치적 발언을 사용해야 하는 위험에 직면하고 있습니다. 이러한 다른 가능성은 교회에 주어진 하나의 위탁입니다. 그 위탁은 교회를 정당 정치 사건들의 고민 속에서 고통으로 절규하게 하며 으깨어 놓을 것입니다. 이러한 딜레마가 정치적 책임과 결단 속에 있는 교회를 향해 경고음을 울리며 외치고 있습니다.

우리는 하나님의 빛이 한 사람의 전 존재를 뚫고 들어가 빛나는 모습을 보며 순수하다고 말합니다. 당신은 순수함이 아름답다는 사실을 믿습니까?⋯⋯순수하다는 것은 투명하면서 정직하다는 말입니다. 순수하다는 것은 무언가를 회피하는 것이 아니라, 자기 생각을 훈련하는 것을 의미합니다. 또한 육체의 순결은 마음의 순결과 밀접하게 연결되어 있습니다. 순결에 대해 기뻐할 수 있어야 합니다. 그렇습니다. 순결에 대해 열정적이어야 합니다. 그러면 자신을 진흙탕 속에 밀어 넣지 않습니다. 순수함에 머물러 있다는 것은 당신이 건장한 성인이 되더라도 어린아이의 마음을 품는 것을 의미합니다. 사랑하는 청년이여, 당신 속에 순결에 대한 동경을 품고 강해지십시오.

어느 청년을 위한 메모 — 순결과 성숙

제1차 세계 대전의 모든 책임을 떠안고 빚더미에 오른 조국을 떠나, 빵 한 조각을 위해 머나먼 스페인 바르셀로나까지 가서 노동자로 살아야 했던 동포들, 그리고 그곳에서 소망 없이 살아가던 청년들을 섬기며 디트리히 본회퍼가 쓴 글입니다. 본회퍼는 그들에게 "순결하면서도 강해지라"고 도전하며 권면합니다. 그의 글에서 청년들을 향한 애타는 사랑의 호소가 들리는지요?

20여 년 전 제가 처음 본회퍼의 글을 읽었을 때, 그것은 마치 세찬 폭풍우가 휘몰아친 후 온 세상이 맑게 정화되는 느낌으로 다가왔습니다. 그의 글은 그리스도인으로서 어떻게 이 땅을 살아가야 하는지 고민하며 길을 찾던 저에게 길을 보여주었습니다. 또한 삶과 유리된 성경 읽기에 지쳐 있던 제가 다시 기쁨으로 성경을 읽을 수 있도록 눈을 열어 주었습니다.

그의 글을 읽다 보면, 하나님께서 우리의 영혼 깊은 곳에 남겨 두신 동경이 되살아남을 느낍니다. 맑고 깨끗한 영혼에 대한 갈망에 목이 타고, 의에 주리고 목마른 심정이 되곤 합니다. 어둠의 사슬에 매여 비참하게 살지 않고, 하나님의 형상과 모양대로 창조된 인간 본연의 모습을 찾아 길을 나서게 됩니다. 그리하여 생명의 근원과 연결되고 사랑 안에서 자유롭고 강하게 살아갈 용기가 생겨납니다.

> 그리스도인이 살아가는 터전은 이 세상입니다. 그리스도인은 이 세상에 적응해 살아가고, 이 세상에서 함께 일하고 영향을 끼치며, 이 세상에서 하나님의 뜻을 행해야 합니다.
>
> 1928년 8월 26일 설교

22세의 청년 본회퍼가 바르셀로나에서 전한 이 메시지는, 깊은 흑암이 드리운 독일 땅에서 한 사람의 진실한 그리스도인이 어떻게 살아가게 될 것인지 예고하고 있는 듯합니다.

본회퍼는 20대 초반부터 베를린 대학교 신학부 강사이자 베를린 공과대학교 교목으로 일했으며, 주말에는 베를린 빈민가의 청소년들과 함께 시간을 보내면서 삶으로 실천하는 목회에 열정을 쏟아부었습니다. 그즈음 나치는 불법적으로 정권을 장악하는 데 성공했습니다. 히틀러의 연설에 열광하며 환호하던 대다수 독일인들과 달리, 본회퍼는 인간을 멸시하는 나치 정권의 사악함을 꿰뚫어 보고 경고했습니다.

이러한 그가 나치의 탄압을 받는 것은 피할 수 없는 일이었습니다. 그의 신변을 염려한 친구들은 전운이 감도는 독일을 떠나 망명 생활을 하도록 그를 미국으로 초청했습니다. 그러나 그의 양심은 조국의 현실을 외면하고 안전한 곳으로 피하는 것을 허락하지 않았습니다. 제2차 세계 대전이 발발하기 직전, 그는 독일로 가는 마지막 비행기에 몸을 실었습니다. 그 후 패망에 직면한 히틀러가 배신자들의 처형을 명령함으로써, 본회퍼는 39세의 짧은 인생을 마칩니다.

　　본회퍼가 옥중에서 에버하르트 베트게에게 쓴 편지를 보면, 그가 얼마나 삶을 소중히 여기며 주어진 매 순간 최선을 다해서 살았는지 엿볼 수 있습니다.

　　어제 나는 누군가 지난 세월은 잃어버린 시간이라고 말하는 것을 들었습니다. 지금까지 살아오면서 나는 그런 생각이 단 한 번도 들지 않았다는 사실로 인해 기쁩니다. 1939년 여름에 했던 내 결정을 후회한 적이 없고, 삶의 외적 경로에 관해서라면 내 삶은 전적으로 앞을 향해 거침없이 달려왔다는 생각이 듭니다. 내 삶은 부단히 삶의 경험을 축적하는 과정이었다는 사실이 정말 감사할 뿐입니다. 지금 내 상태가 삶의 마지막 단계라 해도, 그것은 의미가 있고 이해할 수 있을 것 같습니다. 다른 한편으로는 모든 것이 결혼, 평화, 새로운 과제 등으로 규정되는 새로운 시작을 위한 준비라고 할 수도 있겠지요.

1944년 4월 11일 옥중서신

인간이 인간다움을 잃지 않고, 인간을 인간으로서 존중하는 것은 모든 시대를 초월하는 가장 소중한 가치입니다. 인간다움이란 무엇일까요? 본회퍼는 우리가 생명의 근원이신 하나님과 분리되지 않고 연합해 사는 것을 인간다움이라고 말합니다. 그 인간다움의 회복을 위해, 죄와 사망에 매여 일생 종노릇하지 않고 하나님의 자녀로 살도록 하기 위해, 예수 그리스도께서 인간의 몸을 입고 이 땅에 오실 만큼 존귀한 존재가 인간입니다. 생명의 근원과 분리된 삶은 잠시 자기가 주인이 된 듯 보이지만, 종국에는 딛고 설 땅이 없는 끝없는 허무만이 이어질 뿐입니다.

이 책에 실린 "친구"라는 글을 보면, 본회퍼는 친구라는 존재에 특별한 의미를 부여한 듯합니다. 그에 대한 응답일까요? 핑켄발데 신학원에서 만난 제자이자 친구인 에버하르트 베트게는 본회퍼의 신학적 유산을 정리하는 데 일생을 바칩니다. 베트게는 자신의 생을 마치기 전 천 페이지가 넘는 방대한 분량의 본회퍼 전기를 집필하여 후대를 위한 소중한 자료로 남겼습니다.

본회퍼의 삶과 글은 정치, 사회, 경제뿐 아니라 영적으로도 완전히 폐허가 되어 버린 전후 독일을 재건하는 데 밑거름이 되었습니다. 그의 삶의 발자취는 독일 교회를 일깨우고, 다시 한번 독일 땅에 의의 나무가 자랄 수 있게 하는 토양이 되었습니다. "이것이 마지막입니다. 그러나 나에게는 삶의 시작입니다." 영국 치체스터 주교에게 그가 남긴 마지막 말처럼 그의 죽음은 삶의 시작이었습니다.

어두운 밤에 빛을 비추는 듯한 본회퍼의 문장이 자라나는 청소년과 청년들에게 가닿기를 바라며, 그의 여러 저서에서 글을 발췌해 시처럼 엮어 보았습니다. 이러한 소망을 담아 이 책은 "청년"으로 시작하고 있습니다. "청년"에서 "기도에 관하여"에 이르는 처음 여덟 개의 글은 22세의 본회퍼가 바르셀로나에서 부목사(목사 견습생)로 일할 때 기록한 "어느 청년을 위한 메모"에

들어 있던 것입니다.

본회퍼는 한 사람이 다른 사람의 삶에 지나치게 간섭하며 영향력을 행사하는 것을 경계했습니다. 그는 각 사람이 인격적으로 그리스도를 만나야 하므로, 다른 사람을 성경 말씀으로 돕더라도 그 후에는 뒤로 물러나 기도하는 것만이 섬기는 자의 태도라고 강조했습니다. 그래서 본회퍼의 글은 즉답을 제시하기보다는, 한 사람 한 사람이 스스로 생각하며 성숙하도록 돕기를 원한다고 생각합니다.

본회퍼의 글을 읽으면, 예지로 빛나는 깊은 신학이 이토록 아름다운 언어에 오롯이 담겨 진리를 선명하게 드러낸다는 사실에 감탄할 것입니다. 무엇보다도 하나님의 형상대로 창조된 인간의 진정한 존재 가치가 어디에 있는지, 어떻게 참으로 의미 있는 삶을 살 수 있는지 배우게 될 것입니다.

이 책이 본회퍼가 남긴 위대한 유산에 좀 더 가까이 다가가는 작은 디딤돌이 되기를 바랍니다. 그의 글을 통해 극심한 가치관의 혼돈 가운데 신음하는 다음 세대가 빛을 보고 길을 발견할 수 있기를 기대합니다. 이 시대 청소년, 청년들의 "영혼이 잘됨같이 범사에 잘되고 강건하기를"(요삼 1:2) 간절히 기도합니다.

2024월 4월
정현숙

원문 출처

Dietrich Bonhoeffer Werke(DBW, 디트리히 본회퍼 전집), hg. von E. Bethge, E. Feil, Chr. Gremmels, W. Huber, H. Pfeifer, A. Schönherr, H. E. Tödt, I. Tödt, München 1986 ff., Gütersloh 1944 ff.

DBW 4. *Nachfolge*, hg. von M. Kuske und I. Tödt, München 1989, Gütersloh ³2002. (『나를 따르라』 대한기독교서회)

DBW 5. *Gemeinsames Leben. Das Gebetbuch der Bibel*, hg. von G. L. Müller und A. Schönherr, München 1987, Gütersloh ²2002. (『신도의 공동생활, 성서의 기도서』 대한기독교서회)

DBW 6. *Ethik*, hg. von I. Tödt, H. E. Tödt, E. Feil, C. Green, München 1991, Gütersloh ²1998. (『윤리학』 대한기독교서회)

DBW 8. *Widerstand und Ergebung*. Briefe und Aufzeichnungen aus der Haft, hg. von Chr. Gremmels, E. Bethge, R. Bethge in Zusammenarbeit mit I. Tödt, Gütersloh 1998. (『저항과 복종』 대한기독교서회)

DBW 10. *Barcelona, Berlin, Amerika 1928-1931*, hg. von R. Staats und H. Chr. von Hase in Zusammenarbeit mit H. Roggelin und M. Wünsche, München 1991. ("바르셀로나, 베를린, 미국 1928-1931년")

DBW 11. *Ökumene, Universität, Pfarramt 1931-1932*, hg. von E. Amelung und Chr. Strohm, Gütersloh 1994. ("교회 연합, 대학, 목사직 1931-1932년")

DBW 12. *Berlin 1932-1933*, hg. von C. Nicolaisen und E. A. Scharffenorth, Gütersloh 1997. ("베를린 1932-1933년")

DBW 13. *London 1933-1935*, hg. von H. Goedeking, M. Heimbucher, H.-W. Schleicher, Gütersloh 1994. ("런던 1933-1935년")

DBW 14. *Illegale Theologenausbildung: Finkenwalde 1935-1937*, hg. von

O. Dudzus und J. Henkys in Zusammenarbeit mit S. Bobert-Stützel, D. Schulz und I. Tödt, Gütersloh 1996. ("불법 신학교: 핑켄발데 1935-1937년")

DBW 15. *Illegale Theologenausbildung: Sammelvikariat 1937-1940*, hg. von D. Schulz, Gütersloh 1998. ("불법 신학교: 부목사직, 1937-1940년")

DBW 16. *Konspiration und Haft 1940-1945*, hg. von J. Glenthøj, U. Kabitz und W. Krötke, Gütersloh 1996. ("공모와 구속 1940-1945년")

Brautbriefe Zelle 92. Dietrich Bonhoeffer und Maria von Wedemeyer 1943-1945, hg. von Ruth-Alice von Bismarck, Ulrich Kabitz umd Eberhard Bethge, Verlag C.H. Beck oHG 1992. (『옥중연서』, 복 있는 사람)

주

I. 청년을 말하다

1. "어느 청년을 위한 메모"(Für einen Jugendlichen)에서, DBW 10:542-543.
2. "10년 후"에서, DBW 8:9. 1942년 성탄절, 베트게와 도나니, 오스터 등을 위해 쓴 글이다.
3. "어느 청년을 위한 메모"에서, DBW 10:542.
4. "어느 청년을 위한 메모"에서, DBW 10:541-542.
5. "어느 청년을 위한 메모"에서, DBW 10:543-544.
6. "어느 청년을 위한 메모"에서, DBW 10:544.
7. "어느 청년을 위한 메모"에서, DBW 10:540-541.
8. "어느 청년을 위한 메모"에서, DBW 10:544-545.
9. 1928년 12월 2일 설교(바르셀로나)에서, DBW 10:529.
10. 1928년 12월 2일 설교(바르셀로나)에서, DBW 10:529-531.

II. 인간을 말하다

1. 1928년 12월 2일 설교(바르셀로나)에서, DBW 10:532-533.
2. "염려 없는 삶의 단순성"에서, DBW 4:171-175.
3. 1943년 가을, "진실을 말한다는 것은 무엇인가"에서, DBW 16:622-628.
4. 1932년 7월 24일 설교(베를린)에서, DBW 11:456, 461.
5. 1944년 3월 19일, 신혼의 꿈을 뒤로하고 멀리 이탈리아 전선에 있던 베트게에게 쓴 편지에서, DBW 8:127.
6. 1932년 5월 12일 설교(베를린)에서, DBW 11:425-426.
7. 1934년 5월 27일 설교(런던)에서, DBW 13:359-361.

8. 1928년 8월 12일 설교(바르셀로나)에서, DWB 10:493-494.

9. 1944년 7월 25일, 베트게에게 쓴 옥중서신에서, DBW 8:198-199.

10. 시베리아 수용소 생활을 담은 도스토옙스키의 자전적 소설.—옮긴이

11. 1934년 11월 4일, 종교개혁 기념 주일 설교(런던)에서, DBW 13:401-402.

12. "10년 후"에서, DBW 8:15.

13. DBW 6:67-68.

14. 1938년 1월 23일 설교(그로스 쉬뢴빗츠)에서, DBW 15:465-466.

15. 1938년 1월 23일 설교(그로스 쉬뢴빗츠)에서, DBW 15:466.

16. "10년 후"에서, DBW 8:19-20.

17. 1932년 10월, 본회퍼의 베를린 생가에서 있었던 조카(그의 형 칼-프리드리히의 아들)의 세례식에서 전한 말씀에서, DBW 11:463-466.

18. 1934년 5월 27일 설교(런던)에서, DBW 13:359-363.

19. 1944년 4월 16일, 약혼녀 마리아 폰 베데마이어에게 쓴 생일 축하 편지에서, Brautbriefe Zelle 92, 167, 169.

20. 1934년 5월 3일, 런던의 성 바울 교회에서 있었던 프랑크 괴츠와 도리스 디킨스의 결혼식에서 영어로 전한 주례사에서, DBW 13:357-359.

21. 1944년 2월 1일, 베트게에게 쓴 편지에서, DBW 8:110.

22. DBW 6:137-138.

23. 1944년 5월, "세례식을 생각하며"에서, DBW 8:150; 1944년 4월과 5월 사이 어느 날과 1944년 5월 29일 양일, 약혼녀 마리아에게 쓴 편지에서, Brautbriefe Zelle 92, 176, 177, 190-191.

24. 1928년 9월 23일 설교(바르셀로나)에서, DBW 10:514-517.

25. 1944년 4월 23일, 약혼녀 마리아에게 쓴 편지에서, Brautbriefe Zelle 92, 171; "10년 후"에서, DBW 8:23.

26. "역사와 선"에서, DBW 6:247.

27. 1928년 3월 11일 설교(바르셀로나)에서, DBW 10:455.

28. DBW 6:302-304.

29. DBW 6:349-350.

30. DBW 6:330-331.

31. DBW 6:335-337.

32. 에토스(Ethos): 인품, 인격 등을 뜻하는 그리스어. DBW 6(『윤리학』)에

서는 '윤리적인 의식'이라는 의미로 사용된다.—옮긴이

33. 1938년 1월 23일 설교(그로스 쉬뢴빗츠)에서, DBW 15:463-464. 1937
년 9월, 핑켄발데 신학원은 게슈타포의 압력으로 문을 닫았다. 본회퍼
는 더욱 큰 위험 부담을 안고 공식적으로는 슈라베의 보조 설교자로 일
하면서, 1940년 3월, 게슈타포에 의해 완전히 폐쇄될 때까지 쾨슬린과
그로스 쉬뢴빗츠를 중심으로 비밀리에 신학원 운영을 계속해 나갔다.—
옮긴이

34. 1944년 7월, 베트게의 생일에 쓴 편지에 들어 있던 시, DBW 6:5-6.

35. 1933년 11월 19일 설교(런던)에서, DBW 13:324-325.

36. 베트게에게 보낸 신학적 소고에 들어 있던 시, DBW 8:187.

III. 신앙을 말하다

1. 1930년 11월 9일 설교(뉴욕)에서, DBW 10:696; "섬김"에서, DBW
5:80.

2. 1943년 11월, 테겔 형무소에서 동료 수인들을 위해 쓴 기도문 중 아침 기
도의 첫 부분, DBW 8:79-80.

3. DBW 8:80-81.

4. DBW 8:81-82.

5. 1936년 4월 8일, 매형 뤼디거 슐라이허에게 쓴 편지에서, DBW 14:145-
146.

6. 1944년 8월 21일, 베트게에게 쓴 편지에서, DBW 8:210.

7. "성도의 교제"에서, DBW 5:19-20.

8. "10년 후"에서, DBW 5:22-23.

9. 1934년 8월, 덴마크 파뇌에서 행한 연설에서, DBW 13:298-300.

10. 1931년 10월 4일 설교(베를린)에서, DBW 11:381-385.

11. 1943년 12월 13일, 약혼녀 마리아에게 쓴 편지에서, *Brautbriefe Zelle 92*,
95.

12. 1935년 11월 7일 설교(핑켄발데)에서, DBW 14:907-908.

13. 1935년 11월 7일 설교(핑켄발데)에서, DBW 14:908-909.

14. 1935년 11월 7일 설교(핑켄발데)에서, DBW 14:909.

15. "섬김"에서, DBW 5:81-82.

16. "섬김"에서, DBW 5:79.

17. "그리스도인의 감사에 관하여"에서, DBW 16:490-493.

18. 죄로 인해 구원자를 만나게 되었기 때문에 죄가 복되다는 뜻이다.―옮긴이

19. 1930년 7월 20일, 2차 신학고시 설교(텔토우)에서, DBW 10:574.

20. 1944년 4월 말에 쓴 것으로 추측된다. 날짜 없이 약혼녀 마리아에게 쓴 편지에서, *Brautbriefe Zelle 92*, 176.

21. 1928년 7월 15일 설교(바르셀로나)에서, DBW 10:482.

IV. 영원을 말하다

1. 1928년 8월 26일 설교(바르셀로나)에서, DBW 10:504.

2. 1940년 성탄절, DBW 16:633-639.

3. DBW 6:69-70.

4. 1928년 4월 8일 설교(바르셀로나)에서, DBW 10:463, 446.

5. 1944년 5월 22일, 약혼녀 마리아의 면회에 앞서 쓴 것으로 추측된다. 날짜 없이 약혼녀 마리아에게 쓴 편지에서, *Brautbriefe Zelle 92*, 185-186.

6. "함께하는 날"에서, DBW 5:50.

7. "함께하는 날"에서, DBW 5:40-43.

8. 프리드리히 크리스토프 외팅어(1702-1782). 독일의 신학자로서 괴테, 쉘러, 헤겔, 헤르만 헤세 등 수많은 독일 시인과 사상가들에게 영향을 미쳤다.―옮긴이

9. "홀로 있는 날"에서, DBW 5:72.

10. 1930년 7월 20일, 2차 신학고시 설교(텔토우)에서, DBW 10:572-573.

11. "함께하는 날"에서, DBW 5:59.

12. "함께하는 날"에서, DBW 5:59-60.

13. "하나님의 사랑과 세상의 붕괴"에서, DBW 6:329.

14. "성도의 교제"에서, DBW 5:31-32.

15. "역사와 선"에서, DBW 6:288.

16. 1934년 10월 14일 설교(런던)에서, DBW 13:384.

17. 1934년 11월 4일, 종교개혁 기념 주일 설교(런던)에서, DBW 13:402-
    404.

18. 1934년 11월 4일, 종교개혁 기념 주일 설교(런던)에서, DBW 13:399-
    400.

19. 1928년 8월 12일 설교(바르셀로나)에서, DWB 10:498.

20. 1932년 5월 29일 설교(베를린)에서, DBW 11:434.

21. 1928년 7월 29일 설교(바르셀로나)에서, DBW 10:487-489.

22. 1928년 7월 29일 설교(바르셀로나)에서, DBW 10:489-492.

23. 1944년 5월 24일, 레나테와 베트게에게 쓴 편지에 들어 있던 오순절 로
    중(Losung) 말씀 묵상에서, DBW 16:653.

24. 1933년 7월 23일 설교(베를린)에서, DBW 12:469-470.

25. 베트게에게 보낸 신학적 소고에 들어 있던 시, DWB 8:188.

26. *Brautbriefe Zelle 92*, 209. 1944년 10월 8일, 테겔 형무소에서 악명 높은
    프린츠-알브레히트 지하 감옥으로 옮겨진 후, 본회퍼는 그곳에서 살아
    서 나갈 희망이 없음을 알았다. 이 시는 그해 성탄절을 맞이하여 약혼녀
    마리아에게 쓴 편지에 들어 있었으며, 약혼녀와 부모님, 형제자매, 제자
    들에게 전한 본회퍼의 마지막 성탄 인사가 되었다. 후에 이 시는 독일의
    작곡가 지그프리트 피츠에 의해 찬양곡으로 만들어져 널리 사랑받고 있
    다.─옮긴이

부록

1. 1932/33년 겨울 학기(베를린), "교회란 무엇인가?"(Was ist Kirche?),
   DBW 12:235-1238.